이슬람은 왜 기독교인들을 저주하는가?

IS와 기독교

민희식·활안
서대장·백운 共著

불교정신문화원

머 리 말

　같은 종족 같은 신앙을 가지고 있으면서도 만나기만 하면 헐뜯다가 목을 조르고, 죽으면 그 머리를 잘라 가죽부대에 담고 축구하는 마습을 보면 차마 사람으로서는 견딜 수 없다. 수천년 전부터 IS는 그렇게 물들어 왔으며, 기독교인들은 그들을 업신여겨 왔다.

　종교적인 신념과 이단적인 배척정신이 뼈에 사무쳐 고양이가 쥐를 노리듯, 뱀이 개구리를 덮치듯 단번에 한 입에 넣고도 만족해하지 않는다. 종종 자살폭탄테러를 하여 세상을 온통 피바다로 만들어 놓고 환호성을 울리며 만세를 부르는 사람들! 이들이 바로 저 사막지대에서 피비린내 나는 전쟁을 하고 있는 IS와 기독교도들이다. 측은함을 느끼다가 어떻게 해야 저들의 마음을 풀 수 있을까 하는 연민의 정에 사로잡혀 보기도 한다.

원한은 원한으로 갚을 수 없다.
참고 용서하는 자만이 평화를 누릴 수 있다.

   학생들의 질문을 따라 그들 자료를 하나하나 정리해 본다.
읽고 도움이 된다면 보람이 있겠다. 단지 우리는 이들 두 종
교에 대하여 털끝만한 감정도 없음을 밝혀둔다. 단지 세계평
화와 인류의 행복을 기원할 뿐이다.

                    2015년 7월 편저자 일동 씀

▌일러두기

1. 이 글은 IS들과 초교파 기독교인들이 정리한 자료들 가운데서 우리들이 알아야 할 문제만 간추려 정리하였다.

2. 여러 사람들이 쓰다 보니 일관성이 부족하다. 자료집이기 때문에 그런 줄 알고 읽어주시면 좋겠다.

3. 특히 많은 청강생들의 질문을 배경으로 정리하다보니 더러는 혼돈된 점이 적지 않다.

4. 인류의 역사는 어떤 한 종족의 투쟁이나 감정에서 끝나는 것이 아니다. 그러므로 UN 정신에 입각하여 내 자신이 무엇이 부족한지 돌이켜 볼 필요가 있다. 비단 IS 뿐만 아니라 우리들 자신도 각성해야 될 점이 많다고 생각한다.

5. 이 글을 통해 사회갈등과 종교적 분쟁이 없어지고 세계평화와 인류의 행복이 증진된다면 더 이상 바랄 것이 없겠다.

목 차

IS란 무엇인가?

먼저 IS란 무엇인가부터 풀어보도록 하겠다.

IS(Islamic State)는
이라크와 시리아 일부지역을 점령하고 있는
이슬람교 순니파 무장테러 단체이다.

순니파는 이슬람 중 가장 큰 종파이자 정통파로
예언자 무함마드의 언행(sunnah)을 따르는 사람들이다.

IS는 극이슬람주의파로
평화주의·페미니즘·유대교·신이교주의·도교·
기독교를 모두 반대하는데,
그 가운데서도 기독교와 소수종파인 야디교를 특히 배척한다.

개종을 강요하다 듣지 아니하면 무조건 죽이는데
특히 야디교신자는 남자를 죽이고 여자는 노예로 팔려간다.

민주주의는 서양에서 나왔기 때문에 싫어하는데

빈부귀천을 싫어하는 청소년들과 시민들이 좋아한다.
석유재벌들의 재산을 몰수하여 가난한 자들에게
나누어 주고 있기 때문이다.
최고 지도자는 아브 바크르 알 바르다디로 알려져 있다.

사실 세계 테러단체로는
① HAMAS : 팔레스타인·반유대·반미·이슬람 저항단체
② AI - Qaida : 오사마빈라덴 지휘하의 무장단체
③ Hezbalah : 핫산 나스랄라가 이끄는 레바논 정당단체
④ Taleban : 아프가니스탄 반미 이슬람 원리주의, 무함마
  드 오마르가 수장이다.

이들에 의해
① 1972년 독일 뮌헨 학살사건이 있었고,
② 83년 베이루트 미해병대 사령부 차량을 폭파한 사건으
  로 미해병 200명이 사망하였다.
③ 88년 리비아 미국 펜암기 103편 공중폭파
④ 93년 세계무역센터, 케냐·탄자니아 미대사관 폭파
⑤ 98년 수단 미대사관 폭파
⑥ 2천년 예멘항 미해군 USS콜 폭파
⑦ 2001년 뉴욕 무역센터 폭파
⑧ 2005년 런던 동시다발 폭탄테러, 이라크에서 시아파 폭파
⑨ 2006년 뭄바이 열차테러
⑩ 2007년 이라크 자살폭탄
⑪ 2008년 아프가니스탄 칸다하르에서 자살폭탄, 팔레스타
  인 뭄바이에서 테러 감행

⑫ 2009년 러시아 열차폭발
⑬ 2013년 파키스탄 분리주의자 폭탄테러, 소말리아·케냐 나이로비 폭탄테러
⑭ 2014년 이집트 암사르 시나이반도, 나이지리아 고등학교, 프랑스 문화원 소속 고등학교 폭파 및 파키스탄 페샤와르를 공격하였다.

그러나 그들을 테러단체라 부르면 좋아하지 않는다. 정의의 실천자들이고 진리의 수호자들이라 자처하고 있기 때문이다.

IS의 미국 뉴욕 무역센터 폭파 테러

이슬람과 기독교의 대립

그러면 IS와 기독교는 언제부터 서로 어긋나게 되었는가. 그 역사적 배경과 교리의 핵심을 비교해 보기로 하자.

기독교의 핵심교리는 성부·성자·성령의 3위일체인데, 이슬람교에서는 이를 부정한다. 더군다나 예수가 3위일체의 한 부분을 차지한다는 것을 용납할 수 없다고 본다. 예수는 한 사람의 평범한 인간이기 때문이다.

그러나 반대로 기독교에서는 3위일체를 부정하고 새로운 계시를 받았다고 말하는 이슬람교를 용납하지 않는다. 그래서 두 교는 서로가 이단이라고 주장하고 있다. 기독교에서는 예언자 무함마드를 마귀라고 보고, 이슬람에서는 예수를 적으로 보고 있다.

다음 역사적인 문제를 보면, 유럽 세계에 있어서 기독교문명과 이슬람문명이 태동이전부터 피나게 싸워 왔다는 사실은 역사가 증명하고 있다.

동 페르시아의 그리스의 침략과, 서 알렉산더가 페르시아를 침략한 적이 있는데, 거기에 종교 전쟁까지 겸하니 종종 사상전에 종교전쟁까지 불붙게 되었다.

사실 이슬람의 아랍세계가 이베리아반도를 정복하면서 전 유럽을 지배하려 했으나 실패하였다. 그런데 근대 유럽과 아랍세계가 문명 충돌을 하면서 20세기 서구열강(제국주의) 때문에 갑자기 생긴 것이 아니고, B.C. 천 년 전부터 다투어 왔던 것이 IS와 기독교 전쟁이다. 왜냐하면 이슬람과 기독교는 아브라함의 자손들에게서부터 분쟁이 생겼기 때문이다.

1. 아브라함과 그 자손들

아브라함은 이스라엘의 조상이다. 나이 80이 넘도록 자손을 두지 못했는데 아내 사라의 권유를 따라 몸종 하갈을 상종하여 이스마엘을 낳고, 그두라에게서 시므란·욕산·므단·미디안·이스박·수아를 낳았으나 나이 백세에 아내 사라에게서 이삭을 얻어 하나님께 바쳤다.

그는 원래 수메르문화의 중심지 메소포타미아 우르에서 태어나 75세에 가나안 땅으로 들어가 가축과 종들이 많아져 조카 롯이 힘들어 하자 땅을 롯에게 주고 318명의 종들과 함께 위기에 빠진 롯을 구했다. 그리고 175세에 사라가 묻힌 헤브론 막벨라굴에 안치되었다.

그는 의롭고 용감하여 하나님의 은총을 받아 잉태할 수 없는 나이에 아들 이삭을 낳게 되었다.

하갈이 아들 이스마엘을 낳았을 때는 86세였고, 사라가 이삭을 낳았을 때는 100세였다. 이삭이 젖을 뗄 때 큰 잔치가 벌어졌는데, 이스마엘이 이삭을 희롱하자 사라는 하갈과 이스마엘을 떡과 물 한 부대만 주어서 쫓아내 브엘세바들에서 꼭 죽게 되었는데, 어떤 사람이 그를 구원하여 샘물을 찾게 되었으므로 이스마엘은 장차 활쏘는 사람이 되어 어머니와 같은 애급 여인을 아내로 맞이하여 12방백을 낳았고, 딸 바스맛은 쌍둥이 야곱의 형 에서의 아내가 되었다.

그런데 그 원한이 지금까지도 풀어지지 않고 있다. 하갈과 이스마엘의 가슴속에 맺혔던 한이 대대로 내려오면서 적대하고 있는 것이다. 왜냐하면 이삭은 유대인의 후손이고, 이스마엘은 무슬림의 후손이기 때문이다. 열두지파는 모두 야곱의 자손들로서 이스마엘 민족과 국가의 구성원이다. 이들은 출생의 배경을 따라 땅을 분배, 대제사장의 흉패(12보석)대로 분이 되었다.

① 석류석 르우벤은 아버지의 첩 빌하와 동침하여 장자권을 행사하지 못했으나 돈는 해와 같이 보라의 아들역을 잘했기 때문에 항상 종족의 수를 보존하고 있었다.
② 남보석 시므온은 싸움을 잘하여 분노대로 사람을 죽였고,
③ 황옥 잇사갈은 당나귀처럼 열심히 농사 지어 제사를 잘 드려 부자가 되었으며,
④ 녹주옥 스불론은 해변에 살면서 해상무역을 하여 번성하였다.

⑤ 녹보석 단은 뱀·사자 새끼같이 싸움을 잘했고,

⑥ 벽옥 납달리는 암사슴처럼 민첩하여 은혜를 누렸으며,

⑦ 홍마노 갓은 유민으로서 4방에서 몰려오는 적을 잘 방어하여 행운을 누렸고,

⑧ 호마노 아셀은 감람나무 농사를 잘 지어 왕의 음식을 공급하였고,

⑨ 백마노 므낫세와

⑩ 호박 에브라임은 종려나무 황소처럼 세상을 창성케 하고,

⑪ 자수정 베냐민은 늑대처럼 물어 뜯기를 잘하여 승리하였으며,

⑫ 홍보석 유다는 새끼 사자처럼 형제들의 칭송을 받으며 왕노릇을 잘하였다.

이렇게 해서 이들은 아라비아반도 북·중·서부지역의 원주민들의 조상이 되고, 아라비아 남부지역은 아브라함의 셋째 부인 그두라에게서 낳은 자손들이 살게 되었다.

〈창세기 25장〉

그런데 코란에서는 하나님께 바쳐진 제물이 이삭이 아니고 이스마엘이라 하고, 성경에서는 이삭이라 하였으나, 고전에서는 '아브라함의 아들'로만 기록되어 있다.

그리고 이삭의 자손이 유대인의 조상이라고는 하지만, 아들들이 다른 부족의 여인들과 결혼하여 혼인하였으므로 순수성은 없어졌다고 반박하고 있다. 하긴 이스마엘의 종족들도 족외혼을 하는 자가 많아 그 순수성을 논할 수 없다. 어쨌든 이들은 오늘날의 요르단과 이스라엘·팔레스타인·사우디·아

라비아 등에 흩어져 살고 있다.

그러나 이분들은 할머니 사라와 하갈의 원한이 가슴속에 사무쳐 풀리지 않으면서도 이민족의 침입이 있으면 이리떼처럼 뭉쳐 방어를 잘했다. 하솔왕 야빈이 침범했을 때는 드보라를 중심으로 스불론과 납달리 장정들이 1만 명이나 모였고, 기드온이 군사를 소집할 때에는 3만2천 명이나 모였었다. 왕도 없고 중앙정부도 없는데 이렇게 신속하게 많은 군사들이 모일 수 있었던 것은
    첫째, 지리적 여건과
    둘째, 종교적 이유 때문이었는데,
    스불론과 납달리는 서로 남북으로 접해 있어 하나가 무너지면 둘 다 무너지게 되어있기 때문이고, 므낫세·아셀·스불론·납달리는 다볼산을 중심으로 모여 있었기 때문이며, 종교는 오직 여호와 하나로 통일되었기 때문에 참여의식이 강하였다.

하여간 이들의 일부가 로마에 정복되면서 로마 가톨릭과 프로테스탄트(기독교)로 갈라지면서 원수가 되었으니 지금까지도 그 한이 풀리지 않고 있는 것이다.

둘째는 예수의 어머니 마리아에 대한 불신 때문에 나타난 현상도 있다.

2. 고난속의 마리아

마리아는 히브리어로 미리암으로 요셉의 아내이자 예수님과 야고보·요셉·유다·시몬을 비롯한 예수의 형제들의 어머니로 알려져 왔다.

나사렛 마을에서 태어나 요셉과 정혼한 상태에서 동정녀의 몸으로 잉태하여 예수를 낳은 것으로 알려져 있는데(마 1:18, 누 1:26-37), 사해문서에는 로마군인 판델라(판다바)의 아들로 기록되어 있다. 1906년 독일의 유명한 역사가 아돌프 다이스만은 판델라의 비문을 다음과 같이 소개하고 있다.

"판델라 향년 62세 40년간 군복무봉사, 보병대, 사수 여기에 잠들다."

이것이 현재 라인강변에 서 있는 비석이다. 이곳은 바트크로 이나하로 당시에는 독일의 전초기지였는데 예수의 고향에서 죽은 로마군의 시체가 여기에 많이 묻혀 있는 곳이다. 판델라의 묘석이 여기서 발견된 것은 1851년 10월 19일이었다.

판델라(희랍어, 처녀란 뜻)는 사실 로마인이 아니고 페니키아 출신이다. 노예로서 군복무를 한 자유인이다. 후에 로마 시민권을 받았다. 당시 군복무 기간은 25년인데 그는 62세로 죽을 때까지 40년 동안 로마군에 근무했다. 22세부터 병무에 근무하였다.

그가 마리아의 고향 주둔지에서 근무할 때 요단강가에서 마리아를 만났다. 마리아보다 나이는 좀 많았으나 어린 마리아는 그를 몹시 사랑하였다고 한다. 이따금씩 저녁이면 군대에서 나와 둘이 밤늦게까지 즐거운 시간을 보냈다. 두 사람이 사랑에 빠져 지내던 어느 날 마리아는 그의 품속에 안기는 꿈을 꾸었다. 그런데 그 뒤 그가 다른 곳으로 전출하였는데 마리아는 비로소 자신이 임신한 것을 알게 되었다.

아버지 요히암과 어머니 안나는 갈릴리의 중심지 세프리스에서 살고 있었다. 세프리스는 로마제국의 행정중심 도시로서 BC. 4년 마리아 14세 때 헤로데왕이 죽고 나서는 헤로데왕의 아들 안티파스가 팔레스타인을 3분하여 다스렸다. 안티파스는 유다의 북부와 갈릴레이 요단강 동쪽을 다스리면서 후에 세례 요한의 목을 자른 사람이다.

그래서 요히암과 안나는 서둘러 요셉과 약혼시키고 성령에 의해 처녀 수태한 것으로 이해시켰다. 그 후 요셉은 가족과 함께 이집트로 갔다가 나사렛 마을로 이사가 살게 되었다. 마가복음 13 - 23에는 열두 살 된 예수를 데리고 절기 예배에 참석하고자 예루살렘에 올라갔다는 기록이 있은 이후에는 최후의 만찬이나 십자가 처형 때도 함께 있지 않는 것으로 보아 예수님 귀향 이전 일찍이 죽은 것으로 이해하고 있다.

요셉은 다윗의 족보를 가지고 있었으므로 예수 또한 왕족으로 이해되고 있었다. 그러나 요셉이 죽은 뒤에는 애굽의 풍습을 따라 그의 동생 크로바와 결혼하여 야곱과 요셉·유다

・시몬 네 남자와 미리암 등 2명의 딸을 낳아 모두 7형제를 낳게 되었다.

그러니까 마리아는 세 번 결혼하여 6남매를 낳았는데, 그를 성녀라 하여 하늘 높이 받들고, 또 로마병정 판델라의 아들 예수를 다윗의 족보에 올렸으므로 신성불가침의 애급인들은 마리아를 창녀 취급을 하고, 예수를 죽일 놈 취급을 하여 그를 따르는 천주교・기독교인들을 적으로 간주한다.

아브라함의 세 부인
— 사라(본처) — 이삭(유대인)
— 하갈(사라의 종) — 이스마엘(어머니가 애급인)
　　　　　　　　　— 시므란
　　　　　　　　　— 욕산
— 그두라(후처)— 므단 (증손자 3명, 손자 7명, 아들 6명)
　　　　　　　　　— 미디안
　　　　　　　　　— 이스박
　　　　　　　　　— 수아

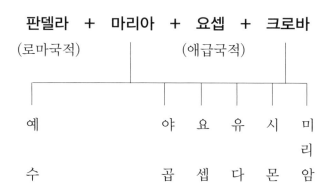

판델라 ＋ 마리아 ＋ 요셉 ＋ 크로바
(로마국적)　　　　(애급국적)

예　　　　야　요　유　시　미
　　　　　　　　　　　　리
수　　　　곱　셉　다　몬　암

※ IS에서는 마리아가 3번 결혼하여 7남매를 낳았으므로 '창
녀'라 기록하고, 기독교에서는 '성녀'라 기록하였으나 당시
풍습으로 보아서는 잘못된 것이 아니다. 형님이 죽으면 동
생이 형수를 맞아 살게 되어 있고, 또 결혼 전 밴 아기를
난 어머니를 성녀라 불렀으니 말이다.

셋째, 예수는 애급종교인, 즉 이슬람이 아니고 불교의 스님
이라는 사실이다. 그러나 이것은 코란성전에 대한 이야기부터
하고 뒤에 가서 구체적으로 소개하겠다.
그러면 이슬람의 근본성전 '코란'은 어떤 경전인가 살펴보기
로 하자.

코란성전

1. 코란과 이슬람

코란에는 이슬람 신도가 되면 누구나 그 경전에 가르친 규율을 따라야 한다고 믿는다.

① 매일 신에게 믿음을 고백해야 한다.

② 하루 다섯 번 정해진 시간에 예배를 한다.

③ 어려운 이를 도와야 한다.

④ 신성한 라마단 기간 중에는 새벽부터 일몰까지 금식해야 한다.

⑤ 일생 한 번은 하주라는 메카로 순례여행을 해야 한다.

그러나 사실은 소수의 이슬람교도만이 순례여행을 하기 때문에 이를 실행한 사람들은 고향에 돌아와 다른 신도들로부터 사회적 지위를 인정받는다. 전통적으로 무슬림 여성들은 집에만 있어야 한다. 그러나 요즈음은 상당수가 직장에 다니고 있다.

그러나 그들은 대부분 공장에서 일하며 교사·의사·기술

자 같은 전문직에 종사하는 여성은 찾기 힘들다.

A.D. 7세기 무렵 이슬람교라는 새로운 종교가 북아프리카 지역으로 퍼져 나갔다. 무함마드가 창시한 이 종교는 서로 다른 언어와 전통을 지닌 아랍 각 지역에 단일한 가치체계를 부여함으로써 아랍인들을 하나로 묶는 구심점(求心點)이 되었다. 모든 무슬림은 진실(眞實)한 신앙심을 증명하기 위해 '이슬람의 다섯 기둥'을 준수해야 한다. 이 다섯 가지 의무 중 하나는 하루에 다섯 번 특정한 시간에 정해진 방식으로 기도하는 것인데, 모스크에서 기도를 하는 경우가 많다.

2. 이슬람의 기원과 시대적 배경

이슬람의 창시자는 서기 570년경 아라비아 반도의 오아시스 도시 메카에서 태어난 무함마드이다. 이때 반도의 핵심적인 사회단위는 혈연에 바탕을 둔 부족공동체여서 그 규모가 국가공동체에 비하면 훨씬 작고 단순했다.

또 대부분의 아랍부족은 유목생활에 그 경제적 기반을 두고 있어서 광활한 사막에서 가축의 먹이인 초원을 찾아 헤매다 서로 충돌하여 불화와 전쟁이 끊이지 않았다.
따라서 부족 상호간의 관계는 우호적이기 보다 경쟁적 내지 적대적이었다.

다른 한편 일부 부족은 오아시스에 정착하여 농경작업으로 생계를 꾸려 나갔으나, 메카 지역은 오아시스로서 물은 흡족했지만 그 토양이 비옥하지 못하여 주민의 다수는 상업에 종사하여 삶을 이어 나갔다.

이들 오아시스 주민들은 비록 정착생활을 하고 있었지만 그들의 윤리도덕 및 사회질서는 옛날의 유목생활 속에서 굳어진 의식구조에서 나온 것이라 실생활에 맞지 않았다.

예를 들면 유목생활에는 부족 구성원 간에 주된 생산활동인 방목에는 대부분이 서로 협동하였으므로 그 분배에도 평등을 원칙으로 삼았다.
따라서 그들의 사회적 윤리도덕에는 구성원 간의 능력차와 차별화는 중요시되지 않았다.

그러나 농경생활과 상업활동을 주업으로 삼은 오아시스의 정착민에게는 부족적 규모의 협동보다 개인 또는 가족단위의 소규모 협동이 더 실정에 맞았다. 각 부족 간의 능력차에 따른 수확량 또는 이윤의 차는 두드러졌으므로 점차 가족 또는 개인 간의 빈부의 차가 나타나기 시작하였다.

또한 농업과 상업 기술의 발달로 그 생산력이 유목생활 때보다 안정되고 향상되어 오아시스에 정착하는 사람의 수는 팽창하게 되었다. 그 결과 오아시스는 유목생활 때보다 부족의 규모가 훨씬 커져서 도시로 발전되었다. 그에 따라 오아시스 간의 교역뿐만 아니라 이웃 문명지역인 메소포타미아·나일 삼각지·시리아 및 예멘과 연결 짓는 대상(Caravan) 활동도

활발하였다. 이 대상 활동에 두각을 나타낸 도시가 바로 메카 였다.

이 대상 활동으로 오아시스의 아랍 정착민은 이웃의 고급 문화를 접하게 되자 그 영향으로 일부 선각자는 부족의 차원 을 넘어서 민족적 내지 초민족적 나아가 세계적 차원으로 그 사고의 영역을 넓혀가고 있었다.

그러나 무함마드가 태어난 7세기의 아라비아 반도에는 여 전히 유목민이 절대 다수를 차지하고 있었다. 그런데 역사의 방향을 제시하며 이끌어 가는 지도세력은 오아시스의 정착민 들이었다. 하지만 이들 정착민의 윤리도덕 및 사회질서는 그 골격이 유목생활 시점에서 형성된 것이어서 가족중심의 협동 에 의존하는 농경 또는 상업 활동에는 맞지 않아 새로운 형 태의 사회질서가 요망되었다.

즉 무함마드가 생존한 시기(A.D. 632년경)에 아라비아 반 도에는 역사적 전환기가 도래하고 있었다. 그는 나이 40에 이르러 예언자로 자처하고 아랍인의 우상숭배적 신앙을 비난 하고 사회혁신의 길에 나섰다.

그는 더 나아가 유대교와 기독교의 유일신 교리를 수용하 여 그것을 아랍의 실정에 맞게 수정 보완 발전시켜서 새로운 독창적인 종교인 이슬람을 내세웠다. 그는 처음으로 아랍족에 게 종교 이념을 불어 넣어 혈연적 부족 공동체를 대체할 수 있는 종교 공동체의 창설을 추진하였다.

이슬람의 선교와 공동체의 창설 과정에서 기존 질서의 모순을 파헤쳐 사회개혁의 필요성을 지적하자 그는 많은 동조자와 추종자를 얻게 되었다.

그의 선교활동은 곧 사회변혁운동으로 발전하자 메카의 부족공동체의 강력한 보수계층과의 충돌이 불가피하게 되었다. 결국 박해를 견디지 못하고 생명의 보존마저 위험하게 되자 무함마드는 망명처를 찾게 되었고, 북쪽으로 400km 떨어진 메디나 주민의 초청으로 A.D. 622년 9월에 추종자들과 더불어 그곳으로 망명하게 되었다.

이것이 히즈라(hijrah)로 곧 이슬람력(曆)의 기원이다. 메디나에는 당시 아우스(Aus)와 하즈라즈(Khazraj)라는 두 아랍 부족이 대립하고 있었는데 무함마드는 중재역을 맡는 대가로 그들의 보호를 받게 되었다.
그는 뛰어난 솜씨로 임무를 수행하여 곧 메디나에다 이슬람 공동체(Ummah)를 구성할 정도로 그의 지위는 향상되었다. 혈연적인 요소보다 종교 이념적 요소를 강화할 목적으로 그와 함께 메디나로 망명한 무하지룬(이주자) 집단과 또 그들에게 망명처를 제공한 메디나 주민 안사르(돕는 이) 집단으로 구분하고 부족적·씨족적 분류를 가능한 한 회피하였다.

메카 상인들의 북부 무역통로에 위치한 메디나에서 무함마드의 지지세력 형성은 메카 경제에 심각한 위협이 되었고, 결국 두 도시는 세 차례(A.D. 624, 625, 627년)의 전쟁을 치르게 되었다.

이 A.D. 624년의 바르드에서의 승리를 기념하여 이제껏 유대인의 속죄일을 모방하여 1월에 행하던 금식을 9월로 바꾸게 된다. 이 어려운 상황에서 무함마드는 탁월한 전략가적 천재성을 발휘하여 승리자로 나타나자 그의 지위는 한층 더 공고해졌다.

그 후 다시 외교적 천재성을 발휘하여 A.D. 630년 메카에 무혈입성을 하는데 성공한다. 그 결과 그는 아라비아 반도 중부에 최초의 아랍 민족국가를 창설하여 A.D. 632년 사망할 때까지 예언자 겸 통치자로 자리를 굳혔다. 이슬람 공동체는 그의 사망에도 흔들리지 않고 아랍 민족의 마음속에 뿌리를 내렸고, 그의 직계 제자들은 스승의 유지를 받들어 칼리프 체제를 구축하였다.

그들은 그의 사망 후 불과 10년 만에 페르시아의 사산제국을 멸망시켰고, 또 그리스인 비잔틴제국을 시리아와 이집트에서 몰아낸 후 그 자리에 대제국을 건설하여 오늘날의 무슬림 세계의 모태를 이루었다. 즉 문화적으로 열등한 아랍 민족이 이슬람으로 정신을 무장하여 보다 높은 문화를 소유한 페르시아인과 그리스인을 교화시켜 중근동 지역을 아랍화 내지 이슬람화 하는데 성공한 것은 역사의 커다란 수수께끼로 남아 있다.

3. 이슬람의 종파분열(宗派分裂)

우리나라 사람들은 이슬람이 모두 같은 신조와 의례를 행한다고 생각하는데, 이것은 큰 잘못이다. 순니 이슬람에는 4개의 법학파(法學派)가 있으며, 또 정치적(政治的)으로 보아도 세 사람의 칼리파(派)가 동시에 존재하여 수백 년간을 대치해 온 일도 있었다. 따라서 이슬람이라는 건물 속에는 수많은 주거용 아파트가 들어 있는 셈이다.

따라서 무슬림 가운데도 청교도(淸敎徒)・개혁주의자(改革主義者)・신비주의자(神秘主義者)・원리주의자(原理主義者 ; fundamentalist) 및 광적 신자 등이 있다.

세계의 큰 종교에서 보는 바와 마찬가지로 이슬람에도 일반 평신도들이 갖는 정통적인 중심개념이 있다. 그들은 스스로를 순니 무슬림이라고 부르고, 전세계 무슬림의 80퍼센트 이상을 차지하고 있다. 나머지 20퍼센트 미만의 소수파 가운데에도 16퍼센트가 시아 무슬림이고 나머지만 다른 종파들이다.

(1) 순니 무슬림

역사적으로 보면 순니들은 무슬림 공동체, 즉 움마의 순나(sunnah ; 慣行)를 추종하는 사람들이다.

'순니'란 코란, 하디스 및 예언자와 정통 칼리파들의 선례에 바탕을 두고 있다. 그들은 자신만이 정통 무슬림이라 자처하면서 그들의 코란과 순나해설, 또 그들의 종교적 입장과 행위가 이슬람의 주류가 되어 왔다고 본다. 4대 법학파(하나피·말리키·샤피이·한발리)의 추종자는 이슬람 정통의 주류에 속하는 순니라고 믿는다.

이슬람 정통파는 상당한 정도의 견해 차이를 모두 그들의 교리에 포용해 왔지만, 이슬람 역사의 초기에 그들도 순니공동체에 수용하기에는 너무나 어려운 신학적인 문제점이 발생했다. 너무나 이단적이고 이질적인 분파들이 나타나 이슬람 역사 속의 정치적·종교적 및 사회경제적인 흐름을 조화 내지 융합시키려는 세력을 비난하고 나섰다.

(2) 카리즈(카와리즈)파

무함마드가 사망한 후 25년 째 되던 해에 칼리파 우스만이 살해당하자 예언자의 4촌이며 사위인 알리가 그의 뒤를 이었다. 그가 살해범의 체포에 주저하자 우스만의 6촌인 다마스커스 총독 무아위야가 아랍의 씨족 전통에 따라 복수를 외치며 반기를 들어 무슬림끼리의 내란에 돌입했다.

이 제1차 내란 중에 무아위야의 평화협상 제의에 직면한 알리파는 주전파와 협상파로 갈라졌다. 이러한 분열에서 전열을 가다듬기 어려운 알리가 부득이 협상에 응하나 별다른 성과를 거두지 못하자, 주전파는 절대신 알라만이 중재를 할 수 있고 인간은 현 상황에서 계속 싸워야 한다고 주장하면서 알리의 진영을 떠나니 이것이 이슬람 역사상 최초의 종파 카리즈파(탈퇴자)이다.

후대에 카리즈파의 주장은 이것을 더욱 선명하게 요약하였다. 즉 마음을 달래는 것은 혀가 아니고 바로 행동에 있다고 주장했다. 카리즈파는 전투적인 청교도요, 행동주의자여서 법을 그들의 손으로 집행하고자 했다. 그래서 지하드(jihad ; 聖戰)를 여섯 번째 '신앙의 기둥'으로 삼았다.

그들은 자신들의 정당성을 너무나 확신한 나머지 그들과 생각을 달리하는 무슬림을 살해할 정도였다. 알리 자신도 이들에 의해서 A.D. 661년에 살해당했다.

카리즈파는 메카의 부족 쿠라이쉬의 자손만이 칼리파가 될 수 있다는 순니파의 전통적 견해를 비난하고 무슬림이면 누구나 칼리파가 될 수 있어야 한다고 했다. 다만 여기서 고려되어야 할 점은 독실성이어서 심지어 건강하고 총명한 흑인 노예도 칼리파 지위에 오를 수 있다고 주장했다. 그들의 만민 평등주의적 입장과 아랍 귀족층에 대한 적개심 때문에 베드윈과 비 아랍계 무슬림 가운데 상당한 추종자를 확보할 수 있었다. 그래서 카리즈파는 우마위야조의 초기에는 눈엣가시와 같은 존재였으나 후에 무정부적인 그들의 태도 때문에 분파작용이 일어나 저절로 약화되었다. 이 파의 추종자는 오늘날까지 미미하게 존속하고 있다.

알제리와 튀니지의 베르베르 지역, 동 아프리카의 탄자니아 및 아라비아반도의 오만에 그 추종자를 볼 수 있다. 카리즈파의 맹신적인 청교도 정신만 아직까지 순니 무슬림 속에 남아 18세기에 이르러 아라비아 반도에서 와하비(Wahhabi) 운동의 발생 동기가 되어 오늘날 사우디 왕가의 모태가 되었다.

(3) 시아(쉬아)파

칼리파를 알리의 가문에 되돌려주려는 운동으로 시작된 시아이슬람은 곧 독특하고 구별되는 종교적 색채를 띠게 되었다. 물론 이 운동의 생성과정에 대한 자세한 설명을 재구성하기는 아직까지 힘들지만 가장 중요한 요인은 알리의 자손을 제거하려는 우마위야조(A.D. 661 - 750)와 압바시야조(A.D. 750 - 1258)의 조직적인 움직임이다.

시아파는 우마위야조의 창시자 무아위야가 알리와 파띠마의 장남인 하싼(Hasan)을 독살시켰다고 믿는 반면에, 순니들은 그가 자연사를 했다고 주장한다. 하싼의 동생 후세인(Husayn)이 A.D. 680년에 이라크의 쿠파 근처의 도시 카르발라(Karbala)에서 반란을 일으켰으나 참혹하게 살해되었다. 그의 부상은 치명적이었고, 갈증에 목말라 했으나 그에게 물 한 모금도 주지 않았고 결국 그의 목을 잘랐다는 것이다. 따라서 그의 제삿날인 이슬람력의 정월(Muharram) 10일은 시아파의 중요한 종교적 공휴일이다.

이 날은 단식 종료절과 희생제 때의 평화로운 명절 행사와는 달리 신자들은 길거리에 나와 행렬을 지어서 후세인의 고통을 몸소 체험하려고 자해행위를 하는 것이 예사다. 시아파 전승에 따르면 후세인의 아들과 손자도 독살당했으며, 그 후 몇 세대나 이 박해가 계속되었다고 본다.

시아파의 핵심은 이러한 정치적 책략의 희생자들을 반신격화된 순교자로 만드는데 있었다. 이러한 변형은 중근동의 전통종교로 자리 잡아온 영지주의적(靈智主義的 ; gnostic) 또는 이원론적(二元論的) 가르침의 영향 아래 일어난 것이 명백하다.

'영지사상'이란 그리스어로 '신에 관한 지식'의 뜻에서 왔으며, 구약성서를 그리스어로 번역할 때 이 용어가 사용되었다. 과정을 뜻하는 영지사상은 종종 일종의 마술에 참여하여 그 마술로 신을 알게 되고, 눈에 보이는 세계에서 보이지 않게 움직인다는 것이다.

서기 2,3세기경에 알렉산드리아에서 활약한 신플라톤학파는 플라톤의 관념철학을 영지주의적 색깔로 바꿔놓았다. 영지주의는 또한 인간에게 신·구약성서나 코란과 같은 위대한 예언서의 구절에서 자구적(字句的)인 의미를 넘어 깊숙이 파고들어 그 속의 비밀스러운 의미를 파악하는 능력을 갖게 한다고 약속했다.

이원론적 형상은 모든 유일신적 종교에 나타나 있다. 특히 기독교에서는 천국의 완벽성과 인간사회의 부패상을 대조하고 있으며, 또 페르시아의 사산조(A.D. 226-641) 시대에 유행한 조로아스터교(Zoroasterianism)와 마니교(摩尼敎 ; Manichaeism)에서는 둘 다 그 창시자의 이름에서 유래하듯 선과 악, 빛과 어둠 및 불과 흙이라는 양극의 관점에서 우주를 해석하여 이 양극적인 두 힘이 인간의 영혼을 사로잡으려 다투고 있다고 보았다.

이슬람이 아닌 다른 종교에서 여러 가지 신앙으로 시아파는 혼합적 신앙(syncretistic faith)이 되었다. 즉 이슬람이 아닌 외적 요소에서 빌린 것을 새로운 합(synthesis)으로 융화시켜 나타난 구심적 인물이 알리·후세인 및 그들의 자손들이라는 믿음이다.

그들은 '이맘'이라고 불리어졌는데 그 의미는 '순니'에서 집단예배 인도자를 지칭하는 '이맘'보다 훨씬 격이 높은 의미로 사용되었다. 19세기의 한 시아파 신학자는 그 속성을 아래와 같이 요약했다.

"꼭 믿어야 할 점은 이맘들은 모두 창세기에 빛에서 창조되었고 신이 주는 은총과 지식은 모두 그들을 통하여 오는 것이며, 그들을 통하여 우주는 생동하고, 그 존재의미를 가지는 것이다. 그들은 또한 예언자 무함마드를 제외하고는 모든 관점에서 가장 탁월한 존재여서 비록 인간적 욕구와 기능을 가지고 있지만, 다른 모든 예언자들보다 우위에 있는 것이다. 그들은 또한 흠 없이 완벽하여 크든 작든 그들 상호간에는 대등하여 덕(德)·지식(知識) 및 능력(能力)을 타고 난 것이다. 그들은 출생 때 이미 보통 인간처럼 태어난 것이 아니고 예언자처럼 할례되어 태어난 것이다."

이맘은 믿는 자들에게 코란 구절의 비교적인 속 의미를 밝혀주어 그들을 어둠에서 광명으로, 타락에서 은총으로 이끄는 것이다. 시아파가 이맘에게는 완전무결성이 있다고 믿는 것은 순니파가 칼리파에게 기대하는 능력을 훨씬 능가하는 것이다.

시아파는 이슬람 속에 신과 인간 사이에 중재자의 개념을 도입하였는데, 이것은 무함마드의 엄격한 유일신보다 기독교적인 예언자는 동시에 이맘이어서 이 세상 어느 곳 어느 시대에도 이맘은 신의 명증으로 항상 존재한다고 본다. 시아파는 메카와 메디나의 성지순례에 못지않게 이맘들의 무덤 또는 그 친척과 심지어 그 옹호자의 무덤에까지 순례하는 것이다. 특별히 신성시하는 곳은 카르발라에 있는 후세인의 무덤인데 수많은 시아파들이 이곳에 묻혀지기를 원하여 그 소원을 성취하기 때문에 이미 오래 전부터 이 도시는 죽은 이의 도시라는 별명을 얻고 있다.

우리와 같은 비(非) 무슬림세계 사람에게 비치는 시아이슬람은 어두운 그림자가 드리운 신앙, 즉 죽음·순교 및 슬픔에 휩싸인 것처럼 보인다. 그러나 그것은 오직 한 쪽 측면에 지나지 않는다. 다른 한 쪽에는 '숨은 이맘'인 구세주의 사상이 들어 있어 희망을 안겨주고 있는 것이다. 대부분의 시아 무슬림은 열두 이맘의 존재를 인정하고 있다. 즉, 알리·후세인 및 그의 자손이 계승하여 12번째 이맘에까지 이른다. 제12대 이맘은 어린 나이에 압바시야조(朝)의 당시 수도인 이라크의 사마라시에 볼모로 잡혀가 그곳에서 A.D. 873년(일설에는 A.D. 878년)에 사라졌다. 그는 지상에서 보이지 않게 되었지만 결코 죽은 것은 아니어서 '숨은 이맘'으로서 오랜 은둔생활을 하고 있을 뿐이다. 그는 언젠가 지상에 마흐디로 나타난다고 믿는다.

중세 시아 무슬림들은 마흐디를 다음과 같이 보고 있다.
"그의 이름과 출생을 이미 절대신이 예언자 무함마드에게 알려 주었으며, 그의 임무는 현세가 억압과 불의에 충만해 있는 것처럼 정의와 공정으로 군림하도록 할 것이며, 그때 예배로 이끄는 부름은 이 세상 구석구석까지 들릴 것이고, 종교는 완전히 신의 것이 되어서 신의 찬송을 받게 될 것이다. 그는 (제12대 이맘) 올바르게 인도된 마흐디이며 그에 관해서는 예언자께서 이미 언급하신 것처럼 그가 이 세상에 다시 그 모습을 나타낼 때에는 마리아의 아들 예수도 지상에 내려와서 그의 뒤에 서서 경배를 올릴 것이다."

시아이슬람에 대한 그 후 역사기록에는 이상에서 예측할 수 있는 것처럼 많은 인물들이 스스로 '숨은 이맘'인 마흐디로 자처하면서 등장하였다. 시아파는 순니파의 박해에 짓눌려 살아왔기 때문에 자신의 신분, 즉 시아파임이 드러날 경우 자신과 가족의 생명 또는 재산에 손실을 입을 부득이한 처지에 놓일 때 순니파 또는 다른 파의 소속으로 자신을 위장할 수 있다. 이것을 '타끼야(taqiyah)'라 부른다. 대부분의 시아파는 이것을 교의로 삼고 있다.

이처럼 시아파의 특징은 이맘의 무결점성, 이맘의 부활, 타끼야(믿음의 假裝), 마흐디 사상을 들 수 있다.

(4) 열두 이맘파와 자이드파

시아파의 85퍼센트를 이루고 있는 열두 이맘파(약칭 이맘)는 오늘날 무슬림 세계의 중요한 소수파를 형성하고 있다. 이란에서 열두 이맘파 시아이슬람은 16세기 이후 국교가 되어 국민의 90퍼센트 이상이 믿게 되어 절대다수를 이루었고, 이라크에서는 인구의 과반수 이상을 점유하고 있으나 정치적·사회적·영향력에 있어서 순니파 무슬림에 비하여 열등한 지위에 있기 때문에 사회적 갈등 분위기가 꿈틀거리고 있다.

레바논은 프랑스의 영향권 아래에서 박해받는 종파의 피난처로서의 기능을 해왔기 때문에 오늘날 30퍼센트 이상의 인구가 이 분파에 속하나 그들의 대부분은 일반적으로 빈곤층의 대명사가 되고 있다.

파키스탄과 인도에서도 열두 이맘파 시아는 전체 무슬림 인구의 10퍼센트에 해당되는 것으로 추정하고 있다. 모로코의 왕가는 8세기 후반부터 현재까지 칼리파 알리의 자손이나 국민의 지배적 법체계는 순니파의 4대 법학파의 하나인 마리키이다. 시아 무슬림 모두가 열두 이맘파에 속하는 것은 아니다.

자이드파는 열두 이맘 가운데 후세인의 아들인 제4대 이맘까지만 인정한다. 그 이름은 후세인의 손자 자이드(Aayd)에서 유래했다. 즉, 자이드를 포함한 다섯 이맘에게만 마술적 능력을 인정한다 하여 다섯 이맘파라고도 부른다. 그는 할아버지처럼 반란을 일으키다가 이라크에서 전사했다.

자이드파의 교리는 알리 이후 모든 칼리파의 합법성을 인정하지 않는다는 점을 제외하고는 순니와 구별될 게 거의 없다. 비록 이맘파, 즉 칼리파는 하싼이나 후세인의 자손 가운데서 나와야 한다고 주장하고 있으나 그들의 이맘은 완전무결성이나 인간과 신 사이의 중재적 기능을 지녔다고 보지 않아 단순히 왕이나 최고 종교지도자에 불과하다.

9세기말 경부터 최근까지 자이드파는 남부 아라비아의 예멘지방을 지배했으나 그 인구의 다수는 순니 무슬림으로 남아 있다. 자이드파의 이맘이 예멘을 1000년이나 지배했으나 1962년에 군사 쿠데타가 일어나 쫓겨나가고 이 나라는 공화국이 되었다.

(5) 이스마일파와 암살단파

자이드파와는 대칭을 이루는 시아분파 가운데 가장 많이 논쟁의 여지가 있고, 또 매력적인 것이 이스마일파, 즉 일곱 이맘파이다. 그들은 열두 이맘파가 제6대 이맘 자아르 알 싸디끄(A.D. 765년 죽음)의 장남인 이스마일이 술을 마신다고 비난하여 그의 동생 무사(A.D. 799년 죽음)를 제7대 이맘으로 모신데 반대하고 이스마일을 옹립한데서 비롯한다.

이스마일파는 이스마일의 자손만이 '숨은 이맘'이 될 수 있다고 선언하고, 이스마일의 계승권을 옹호하기 위해 끈질긴 투쟁을 벌였다. 이 과정에서 그들은 시아파를 통합적 교의로 이끌었다. 특히 영지주의적 의례에서 이원론적인 사항을 많이 도입했다. 이스마일파는 글자 그대로를 믿는 대중에게는 초보적 신조만을 포교했으나 무함마드가 받는 계시의 표면적 의미 속을 뚫고 들어가 진정한 내적 의미에 도달할 수 있다고 믿는 사람들에게는 아주 정밀한 해석을 통해 포교했다. 정치적으로 보면 이스마일파는 암바시야 칼리파를 반대해서 격렬한 선교투쟁을 진전시켜 이 칼리파들을 타도하려 했다. 한때 그들의 목적은 달성되기도 했다.

이스마일이 사망한 후 100년경인 9세기 말에 그들은 압바시야조가 점차 쇠약해 가는 틈을 이용하여 이라크에서 농민과 도시 노동자의 불만을 선동하여 맹렬한 선교투쟁을 벌였다. 이스마일파와 당시 연합한 세력은 전투적인 까르마트(Carmathian)였다. (그 지도자 Qarmat에서 그 이름이 유래) 이 파는 이라크와 시리아를 쑥대밭으로 만들고 나서 아라비아반도를 휩쓸었다. 심지어 메카순례객들을 공격했고, 더구나 929년에는 메카도 점령했다. 놀랍게도 까르마트파는 카아바의 신성한 '검은 돌'을 빼내어 수백리 밖에 팽개치기도 했다.

이스마일파의 또 다른 분파는 북아프리카에서 아랍족과 베르베르족 사이의 만성적 긴장상태를 이용하여 권력을 잡았다. 909년에 '숨은 이맘'을 은신처에서 데려와 마흐디로 선언하니 곧 파띠마조(A.D. 909 - 1171)의 초대 칼리파 우바이둘라 알 마흐디(A.D. 909 - 934)이다.

튀니지의 시실리섬에까지 그 영역을 넓혔다. 969년에 그들은 이집트를 정복하고 옛 수도 푸스타트 근처에 새로운 도시를 건설하여 그 이름을 까이라(al - Qahirah 승리자)라 하니 곧 오늘날의 카이로의 시작이다.

이곳으로 제국의 수도를 옮기니 곧 경제적 문화적 중심지가 되었다. 이 새로운 수도에서 이 칼리파조는 커다란 도서관을 운영했고, 아즈하르(al - Azhar) 성원(聖院)을 건립했다.

이 성원은 곧 신학의 배움터가 되어 오늘날 세계에서 가장 오래된 대학으로 자랑하고 있다. 이 칼리파조는 11세기 초에 그 국력이 전성기에 이르러 팔레스타인과 시리아도 병합하니 이라크의 압바시야조는 그 그늘에 들어가는 듯했다.

그러나 11세기말에 내분이 일어났고 더구나 셀죽 터키의 침입과 십자군 원정과 같은 외환도 들이닥쳐 파띠마조의 국력은 쇠잔했다. 그 후 파띠마조는 점차 수그러들어 카이로 근교에만 그 권위가 미치다가 1171년에 아이유브조의 살라 알 딘(1138 - 1193)이 카이로를 점령하여 이 조를 멸망시킨 뒤 이스마일파를 억압하고 순니이슬람을 다시 이집트와 시리아의 국교로 회복시켰다. 그러나 이스마일파는 파띠마조의 종말과 함께 역사의 무대에서 사라진 것은 아니다.

이 파에 속하는 한 페르시아인 지도자는 11세기말에 파띠마조와 결별을 선언하고 카스피아해 남쪽에 있는 산속에 그 추종자와 함께 난공불락의 요새를 만들었다. 그들의 이름은 암살단파로 알려졌다.(Assassin 이 명칭은 대마초를 뜻하는 아랍어 단어 al - hashishin에서 유래하여 십자군을 통하여 유럽 각국어로 들어갔다.)

그들은 대마초를 복용함으로써 천당의 쾌락을 미리 맛보게 되고 임무수행에 있어서는 초인간적 용기를 갖게 된다고 보인다. 현대학자들의 연구에 따르면 그들이 대마초를 복용했다는 비난은 근거가 없는 것으로 나타났지만 정치적 살인을 감행했다는 사실은 확실한 것으로 증명했다. 암살은 그들에 있어서 종교적 의례적 행동이어서 가해자는 항상 단검을 사용하였고 도피하려고 시도하지 않았으며, 암살 대상자는 대체로 고위직의 인사였다.

최초의 희생자는 셀죽조의 술탄 말리크샤(1072 - 1092)의 재상으로 유명한 니잠 알 물크(A.D. 1091 죽음)였다. 암살단파는 셀죽조가 12세기에 들어와 쇠약해지는 틈을 이용하여 페르시아의 변방지역과 서부 시리아의 산악지역에 새로운 요새를 만들었다. 십자군이 두려워 한 것은 시리아의 암살단파와 그 우두머리인 '산속의 셰이크(sheikh al-jabal)'였다.

암살단파가 테러행위를 무기로 삼은 것은 극단적 소수파의 저항전술로 이해된다. 그들의 최종 목적은 그들이 옹립하고 있는 '숨은 이맘'의 통치체제를 전 영역에 확립하는 것이다.

그 전제조건은 순니이슬람을 파괴하는데 있었다. 페르시아에 있었던 암살단파의 셰이크는 '숨은 이맘'의 지시를 받아 행동한다고 주장했다. 특히 '숨은 이맘'은 셰이크에게 이슬람의 다섯 기둥과 이슬람성범을 멀리할 것을 지시했으므로 모든 사람은 새로운 계시를 받아들일 각오가 되어 있어야 한다고 주장했다. 이 점을 강조하기 위해서 라마단의 단식 기간중에 행한 큰 행사에서 신자들을 메카에 등을 돌린 채 예배를 올리고 오후에는 또 특별히 마련된 연회에 참석했다. 암살단파가 기대한 것은 실현되지 않았다. 순니이슬람은 쓰러지지 않았고 '숨은 이맘'은 그 자신의 통치영역을 확립하지 못했던 것이다.

13세기에 들어와 암살단파 내에서도 내분이 일어났다. 마침 페르시아를 침입한 몽골군에 의해서 그곳의 암살단파는 섬멸되었고, 시리아의 암살단파도 아이유브조의 살라 알 딘을 계승한 이집트와 시리아의 맘룩조(노예왕조 A.D. 1250-1517)에 의해서 제거되었다. 현재 남아있는 이 파의 추종자는 페르시아에서 인도로 도망한 자칭 한 이맘의 지도 아래 19세기와 20세기에 그 모습을 나타내고 있지만 그 근원은 모호한 편이다.

이들은 그 지도자를 페르시아 왕가의 칭호인 아가 칸
(Agha khan)이라 부르고 있다. 그러나 이들은 더 이상 암살
을 자행하지 않으며, 주로 사업에 종사하여 상당한 성공을 거
두어서 다른 무슬림의 부러움을 받고 있다.

(6) 알라위파(Alawis)와 드루즈파(Druzes)

이스마일파 선교활동의 영향으로 다른 유사한 종파가 많이
생겨났다. 이러한 유의 종파는 비 이슬람적 요소를 너무 많이
받아들였기 때문에 종종 다른 종교로까지 분류된다. 이 가운
데 가장 두드러진 것이 알라위파와 드루즈파이다.

알라위파(Alawis ; 알리의 숭배자들)는 시아파의 알리에 대
한 숭배를 극단화시켜 그를 신격화했고, 또 이스마일파의 대
중을 위한 단순한 신앙과 정밀한 종교의례의 이분법을 더욱
극단화시킨 것이다. 이 파는 무함마드 이븐 누사이르(Muham
madibn Nusayr)가 9세기말에 창시했기 때문에 그의 이름에
서 일명 누사이리파라고도 한다. 알라위파는 고대 중근동의
여러 이교도적 의례를 그대로 유지하고 있다.

그 예로는 성스런 나무숲을 숭배하고 기독교의 의례도 받
아들여 심지어 부활절과 크리스마스도 축하하는 것이다. 그들
은 영혼의 전생을 믿어서 영혼이 지상의 굴레를 벗어나려면
일곱 번의 화신을 해야 한다고 보았다.

오늘날 알라위파의 주된 주거지는 시리아이며, 그곳 총인구의 약 1퍼센트를 점유하고 있다. 주로 시리아 해안지역에 있는 자발 알라위지역에 집결되어 살고 있다. 터키에서는 알레비라고 한다. 그들은 오랜 기간 박해당해 온 소수파여서 씨족의 결집, 불만 및 반란이 그들의 대명사가 되고 있다. 그러나 제2차대전 후 시리아 육군사관학교가 모두 시리아인에게 문호개방을 했을 때 알라위파의 청년들이 이 기회를 이용하여 대거 입학했다. 1971년에 이들 가운데서 장군으로 승진한 하피즈 알 아사드가 첫 알라위파로 비 순니 무슬림 가운데서는 시리아 역사상 처음으로 대통령이 되었다.

알라위파의 믿음에 영향을 받은 터키계 부족의 종파는 키질바쉬(Kizilbashi ; 붉은 두건을 쓴 사람들)로 알려져 있다. 드루즈파의 기원은 11세기의 이스마일파 포교자였던 다라지(Darazi)에게 거슬러 올라간다. 그의 추종자는 파띠마조의 칼리파 하킴(Hakin)을 '숨은 이맘'이라고 주장했다. 괴짜였던 칼리파는 1021년의 어느 날 저녁 카이로 근처에서 사라졌는데, 살해당했을 것으로 추정된다.

드루즈파는 그들의 신앙생활을 지키고 안전하게 살기 위해서 남부 레바논의 산악지대에 그 피난처를 발견했고, 후에는 남부 시리아의 고원지대인 자발 드루즈지역에서 그 주거를 찾아냈다. 그들은 '비밀 엄수'라는 물신숭배를 가졌는데, 심지어 그 추종자들에게도 그들의 성서를 감추고, 또 새로운 개종자를 받아들이지 않을 뿐만 아니라 그 추종자의 배교행위까지 허용하는 것이다, 박해를 피하기 위해서 그들은 자신의 신앙을 부정하고 그들 통치자의 종교, 주로 순니이슬람과 레바논의 기독교 종파인 마론파(Maron)의 추종자인 것처럼 가장도 하는 것이다. 그들의 존재가 서방세계에 알려진 것은 1830년대였는데, 그때 레바논의 통치권이 오스만 터키에서 무함마드 알리의 이집트에게 몇년간 넘어갔으므로 이 기회를 이용하여 서구학자들이 그들의 성서를 연구할 기회를 가졌기 때문이다.

드루즈파는 그들이 일신론자인 것을 자랑하고 있는데 그것은 곧 칼리파 하킴을 일종의 신의 화신인 우주적 존재의 현시로서 간주하기 때문이다. 여하튼 그들은 그들의 '숨은 이맘'과 절대신 사이의 일치성보다 이스마일파의 이스마일이나 시아파의 알리와의 일치성을 더 완벽하다고 주장한다.

드루즈파의 교의와 종교적 관행의 자세한 내역을 보면 무슬림의 기준과는 매우 다르다는 점을 알 수 있다. 드루즈파에서는 일부다처제가 금지되어 있고 여성들의 지위는 남성들과 대등하게 취급되고 영혼이 전생한다는 믿음으로 널리 보급되어 있다.

드루즈파는 비록 순례(Hajj)시기에 축제를 열고 있지만 금식이나 메카순례는 하지 않는다. 그들의 집단예배는 금요일 정오에 열리지 않고 목요일 저녁에 열리며, 그 장소도 중심지역의 성원에서가 아니고 산간의 작은 사당에서 여는 것이다. 드루즈공동체는 두 계층으로 나뉘어져 있다.

하나는 덜 비밀스러운 정기 주간예베에만 참석하는 무식자층(無識者層)이고, 다른 한 계층은 현자들로서 흰 터반을 머리에 두르고 금욕적이고 모범적인 생활을 이끌어 나가야 한다고 주장하는 사람들이다. 그러나 드루즈파는 아무리 비천한 가문에 태어나도 현자가 될 수 있으나 현재 일부 지주 가문만 이 공동체의 사회적·정치적 지도층이 되고 있다. 이 공동체의 봉건적 사회구조와 비밀엄수전통으로 비교적 안전하고, 또 산악생활의 습성으로 드루즈파는 수세기 이상을 살아남을 수 있었다.

오늘날 드루즈파의 신자수는 약 25만 가량으로 추산되며, 주로 레바논과 시리아에 살고 있다. 또 극소수는 이스라엘 통치 아래 있는 하이파(Haifa) 근처의 마을과 골란고원에 살고 있다. 이들은 이스라엘 통치하에서 아랍인 보다 더 당국에 잘 협조하고 있는 것으로 알려져 있다.

(7) 바비파(Babis)와 바하이파

인간의 내면적 생활을 비교적으로 파고드는 이스마일파의 교리와 '숨은 이맘' 사상에 대한 시아파의 믿음은 근대에 들어와서도 이슬람의 이단적 분파조성에 산모 구실을 하고 있다.

그 대표적인 것이 19세기 중반경에 이란에서 나타난 바비파이다. 이란 중남부의 도시 쉬라즈에서 설득력 있는 신학자가 나타나 스스로를 '밥(아랍어로 문이란 뜻이며, 진리의 관문으로도 상징됨)이라고 자처했는데, 1000년전에 시아파 이맘의 이름 높은 제자에게도 이 명칭이 사용된 적이 있었다.

마침 1884년은 이슬람력에 의하면 12번째 이맘이 A.D. 873년 사마라에서 사라진 지 천 년이 되는 즈음이어서 '밥'의

교의에는 영지주의적 요소도 상당히 포함되어 있는데, 예를 들면 '눈으로 볼 수 없는 세계'와 숫자 19의 신성성에 대한 믿음이다. 그래서 '밥'의 달력에 따르면 1년은 19개월이며, 매달은 19일로 구성되어 있다.

당시 이란에서 '밥'의 교의는 수많은 개종자를 획득하여 타락된 기존 정권의 붕괴와 함께 열두 이맘파 시아의 국교적 지위마저 위협할 지경에 이르렀다. 결국 정부의 '밥'운동에 대한 진압은 가혹하여 '밥'을 1850년에 사형시키고 그 추종자를 대량 학살했다.

그러나 '밥'의 사상은 그의 죽음과 함께 끝나지 않았다. 살아남은 대부분의 추종자들은 그의 제자 바하울라(Bahaullah ; 알라의 광채)를 지도자로 삼았다. 그는 스승으로부터 독립하여 독자적인 교의를 펼치기 시작했다. 즉 구약성서의 예언자 아담·아브라함 뿐만 아니라 다른 지도자들, 즉 조로아스터·예수 및 무함마드 등으로 이루어지는 낡은 예언자의 순환기는 '밥'과 함께 끝났다고 가르쳤다. 따라서 바하울라의 추종자인 바하이(Bahai)들은 그들의 신앙만이 진실로 보편적이어서 낡은 예언자적 종교의 가르침뿐만 아니라 부처와 공자도 존경하여 그들의 가르침도 포괄하였다고 주장했다.

바하이들은 '밥'의 달력을 그대로 받아들여 매달(19일)마다 집단예배를 올리고 무슬림의 라마단 달 금식처럼 한 달(19일) 간의 금식을 행하며, 또 하루에 3번씩 몸을 깨끗이 씻은 후 예배를 올린다. 즉 무슬림의 그것과 유사한 반면에 더욱 간결화 시킨 감이 있다.

바하이교의 가장 두드러진 특징은 폭넓은 관용성과 사회개선에 참여하려는 강력한 책임의식이다. 기이하게도 시아파의 초대 이맘 알리의 말을 인용하여 사회개선의 필요성을 강조하고 있다. 즉 사적인 문제는 인간사(human sphere)에 속하나, 사회적 관심사는 모두 신에게 속한다. 바하이들의 '사회적 관심사'라는 말 속에 여성의 평등적 교육의 기회균등화 및 국제평화의 달성 등이 포함되어 있다. 원칙적으로 바하이는 평화주의자요, 양심적인 거부자 및 절대금주론자이며, 육식보다는 채식을, 또 금연을 더 선호한다. 역대 이란 정부는 '밥'의 추종자를 박해한 것처럼 바하이들을 국민단합에 유해한 반역자로 보고 무자비할 정도로 박해하였다. 또 1979년 이슬람혁명 후에도 박해의 고삐는 늦추어지지 않고 있다.

따라서 많은 바하이들은 자신의 신앙을 숨기거나 일부는 이민을 떠나고 있어서 이란 내에서의 그 수를 어림잡기는 힘드나 대체로 50만에서 100만 정도로 추정하고 있다. 그들의 국제적 본부는 이스라엘의 하이파에 있으며, 아크레의 근교인 카르멜(Carmel) 산에는 밥의 거대한 무덤이 있으며, 바하울라는 망명생활을 하다 1960년대에 죽었다.

오늘날 전세계에 138개의 바하이공동체가 있으며, 미국에는 바하울라의 아들이 선교에 나서고 있어서 시카고 근처 윌메트(Wilmette)에는 웅장한 바하이성원을 두고 있다. 한국에도 지식층을 중심으로 건물을 빌려 상당수의 바하이 추종자들끼리 모이고 있다.

무함마드가 7세기에 이슬람을 포교할 때의 주장과 바하이들이 20세기에 그들의 신앙을 선교할 때의 공통된 주장은 중근동에서 옛날부터 영혼의 진리임을 자처하고 나온 수많은 종교의 계승자라는 점이다.

이러한 모방성 때문에 무슬림들은 바하이들을 단순한 이단자로서 뿐만 아니라 이슬람과는 전혀 관계없는 거짓 종교로서 규탄한다. 그렇지만 바하이교는 이슬람 역사상 정통파와 이단파의 갈등과 마찰 속에서 다듬어진 요소가 그 발생의 계기가 된 점은 사실이다.

이러한 요소 가운데 '밥'에게 가장 큰 영향을 준 것은 수피사상으로 알려진 신비주의적 믿음과 그 관행의 결합관계라고 본다. 수피주의는 이슬람 역사에 있어서 오히려 시아 사상보다 더 큰 비중을 지니고 있는 것으로 평가된다. 한국에도 바하이파 추종자가 2만9천명이다.

이상과 같은 이슬람의 종파가 주로 산재하는 곳을 살펴보면, 와하비파(사우디아라비아·카타르), 자이드파(예멘), 시아파(이란·이라크·레바논 등), 알라위파(시리아·터키), 드루즈파(레바논·시리아·이스라엘) 등이다.
이들은 서로 종파가 다르므로 종족·씨족을 배경으로 차별성을 일으켜 전쟁을 할 때는 연합했다가도 전쟁이 끝나면 즉시 분열되면서 상대방의 조상들까지도 헐뜯었다.

인류의 조상 아담과 이브에 대한 생각을 피조의 아주하르 성원에서는 이렇게 밝히고 있으니 한 번 들어보자.

IS조상과 기독교인들의 조상

1. 아담과 이브

우리들이 알기로는 아담과 이브는 이 세상에 처음으로 태어난 사람으로 인식하고 있었으나 성서 저자들을 통하여 사정없이 도입되고 수정되고 교정된 것으로 이해하고 있다.

"저희들이 무엇을 안다고 잔소리 하느냐! 사실 우리가 처음 성서를 편찬할 때는 히브리 주변에 있는 여러 가지 선지 문명의 신화와 전승들을 필사하고 가필·수정하는 가운데 사제전승과 야훼전승만을 간추려 적은 것인데, 야훼전승자들은 자기들 것만 옳다 하고 상대방을 멸시하고 있으니 알 수 없는 일이다."

하고 꾸짖었다. 또 사제전승편에서는,

"엔키는 나바의 신 남무와 출산의 신 닌마를 시켜 진흙에다 피를 섞어 검은 머리 사람들을 만들었다."

그것을 구약에서는,

"여호와 하나님이 흙으로 사람을 지으셨다."

〈수메르 여리수 창세기〉

고 창세기 2:7에 쓴 것이다.

그런데 야훼전승에서는 "자기 형상(하나님)대로 사람을 창조하시되 남자 여자를 창조하시고"를 "여호와 하나님이 아담에게서 취하신 그 갈빗대로 여자를 만드셨다"고 야훼전승 창세기 2:22처럼 기록한 것이다.

사실 이 기록은 별 것 아닌 것 같지만 사제전승은 남녀평등사상을 바탕으로 기록한 것이고, 야훼전승은 남녀차별을 기본으로 기록한 것이다.

아담의 첫 부인 '릴리스'는 이집트와 같은 농경민족의 출신이었으므로 이성을 상대할 때 남녀평등의 원칙에 의하여 여상위(女上位)의 성행위를 요청하였으나 유목민인 아담은 그것을 싫어하였기 때문에 릴리스를 보내고 수간(獸姦)을 중심으로 살다가 아버지 야훼가 불쌍히 여겨 유목녀 이브를 얻어줌으로써 복종하고 살게 되었다는 것이다.

그래서 히브리족들은 릴리스를 성욕이 강한 여인으로 평가하여 업신여겼던 것이다.

"들짐승이 이리와 만나며 숫염소가 그 동류를 부르며 올빼미가 거기 거하여 쉬는 처소가 되었다."

〈이사야서 34:14〉

이렇게 해서 릴리스는 밤의 여인이 되고, 그의 아들 써큐버스와 딸 인큐버스는 잠자는 여자와 남자들을 유혹하는 마귀로 인식하였기 때문에 혹시 자다가 몽정을 했다든지 아이들이 아프게 되면 마귀에 걸렸다 하여 18세기까지 부적을 붙이고 주문을 읽었던 것이다.

사실 수간은 신명기(27:21) 이전까지는 유목민들의 일반적인 관행이었으나 구약성서 신명기 이후에 죄악으로 금기시 되었다.

이 같은 사실은 바빌로니아 인간 창조신화인 아다무 서사시에 그대로 나타나고 있다.

"지혜의 신이자 바빌로니아의 성도 에리두의 수호신 에아(Ea)는 진흙으로 최초의 인간 아다무를 창조하여 아들로 삼았다."

이것이 장차 구약창세기 1:26과 2:7에 소개된 것처럼,

"우리의 형상을 따라 우리 모양대로 사람을 만들고…… 흙으로 사람을 지으셨다."

〈니네베의 아슈르바니팔 왕궁도서관 1876년 점토판 해설〉

는 말이 나오게 된 것이다.

아담은 바빌로니아 신화 가운데 "아다무(남자)'가 번안된 것이고, 이브(Eve) 하와는 히브리어로 생명(charah)이라는 뜻이다.

요베르의 이상향 '딜문'에는 물의 신 엔키(닌투)가 살고 있었는데, 갈비뼈의 통증(사실은 월경통증)을 치료하기 위하여 딸 닌티를 낳았다. 그래서 수메르어 "닌(Nin)"은 여왕, 여신의 뜻이고, "티(Ti)"는 갈비뼈, 생명이라는 뜻이니 단지 그 이름을 히브리어 charah로 바뀌어 닌티는 이브(생명의 여인)가 되고 엔키는 아담(남자)으로 바꿔놓았던 것이다.

그리고 이들에게 선악과를 따 먹고 성(性)의 눈이 뜨이게 한 뱀은 지금부터 1억4천년 전에 태어나 있었으나 입을 가지고 다리로 걸어다니는 뱀이 아니고 지금처럼 기어다니는 뱀 그대로였다. 그리고 그 뱀은 생물을 잡아먹지 흙을 먹지 않았다. 그런데 그 모습은 남자의 성기와 같고 성난 여인들이 남자를 휘감고 있는 모습에 비유한 것이라고 학자들은 말하고 있다. 지금도 에로틱한 무대에서 여자들이 뱀춤을 추는 것을 보면 성교를 암시하고 있고, 성난 남성에서 오르가즘이 나타난 것은 뱀머리와 같이 곤두세우고 있기 때문이다.

또 남자가 여자 뱀에 한 번 물리면 죽지 않으면 죽음에 가까운 고통을 일생동안 해야 하는 것에 비유하기도 하고, 여자가 남자의 뱀에 잘못 물리면 아기를 가져 뱀에 물린 사람이 몸이 부어오르듯 배가 불러 오르는 것을 상징적으로 나타내었다고 해설하는 사람도 있다.

그러면 그 뱀신은 바로 누구일까? 수메르 아다파 신화에서는 인간 남성의 머리에 뱀의 몸통을 가진 '닝키시쉬지다(해박한 의약신)'라 하고, 유대교 토라에서는 그 신을 지혜의 신으로 섬기고 있다.

따라서 유럽의 인류학자들은 히브리 유목민들이 수메르 등 이웃 선진문명을 가진 뱀민족에게 지혜의 성 지식을 전수 받았다고 해설하고 있다. 그러나 성서 신학자들은 반대로 뱀은 사악한 것으로 인식하였다.

그래서 후대사람들은 수메르의 생명나무에 두 입술을 가진 뱀이 칭칭 감고 있는 지팡이를 그렸는데,

헤르메스의 지팡이 : 영혼을 사후세계를 인도하는 지팡이

아스클레피오스 지팡이 : 그리스 의술의 신

모세의 지팡이 : 구약성서 출애급기와 이집트왕 앞에서 뱀으로 변한 지팡이

모두가 수메르 '링키쉬지다'의 지팡이가 여러 지역으로 전파된 것으로 인식하고 있다.

어떻든 인류는 뱀의 유혹 속에서 성을 알게 됨으로써 에덴 동산에서 쫓겨나게 되었고, 거기서 생사고통을 면하지 못하게 되었으므로 천주교에서는 애초부터 이성을 멀리하고 오직 하나님과 신성 결혼한 수녀와 신부를 존경하는 것이다.

그러면 아담의 큰 부인 릴리스는 그 후 어떻게 되었을까!

가나안 농경민족의 전통종교인 바알(주님)의 아내 아나트(여신) 아쉐라(여신)가 되어 가뭄에 비를 내리는 여사제로 인식되었다.

"바알이 그의 아내 아나트를 알고 잉태하였다."

〈우가리트 점토판〉

그래서 지금도 그곳 사람들은 일 년에 한 번씩 춘분축제 때는

"신들의 성스러운 결혼(神聖結婚)"

이라 하여 여사제가 여신의 대리신으로 배우자 바알이나 목축신 두무지를 만나듯 국가의 수장과 일반 지성인과의 만남을 자유롭게 하여 하늘신들을 흥분시킴으로써 거기서 얻어지는 정액과 애액(愛液)이 세상의 비가 되어 풍요 다산을 이룬다 생각하고 있다.

이것이 서양의 공창제도인데 일반사람들 또한

"너희들만 그렇게 즐길 것이냐. 우리도 돈 주고라도 사서 하겠다."

하여 사창제도가 만연하게 되어 창세기(19:5 - 8)에서는 롯이 그의 두 딸을 밤손님들에게 내주고 소돔과 고모라가 파괴되었다 하였다.

그러면 카인의 아내는 어떻게 되었는가.

2. 카인의 아내와 노아의 아들딸들

아담과 이브는 에덴동산에서 쫓겨난 뒤 카인(철대장장이)과 아벨(목축자) 두 아들을 낳는다. 큰 아들 카인은 농사를 짓고 작은 아들 아벨은 목축을 하여 신에게 제사를 지냈는데, 아벨 것은 잘 받아주면서도 카인 것은 받아주지 않으니 카인이 격분하여 동생 아벨을 쳐 죽인다. 그로 인해 집에서 쫓겨나 다른 곳으로 가게 되는데, 다른 사람들이 쳐 죽일까 걱정하니

여호와께서 말하였다.

"걱정하지 말라. 내 너에게 표를 주어 누구도 죽이지 못하게 하겠다. 만약 죽이는 자가 있으면 7배의 벌을 주리라."

〈창세기 4:14 - 15〉

학자들은 여기에 성서의 무지(無知)가 드러났다고 말한다. 성서에는 '아담과 이브가 이 세상에 처음 나타난 사람'으로 되어 있는데, 그를 '해칠 사람이 있다'니 잘 이해가 되지 않는다. 그래서 그들은 아담과 이브는 히브리 민족의 조상이고, 이미 수천 년 전부터 다른 민족들이 여호와와 같은 조상들을 자기 조상으로 모시고 살고 있었다고 증명하고 있다.

사실 다른 민족들은 이 지구를 둥글다고 설명하고 있는데 히브리인들만 이 땅이 평평하다 고집하다가 지구는 둥글다 말한 과학자를 죽인 뒤에야 비로소 성경의 잘못을 인정하게 되었던 것이다. 왜냐하면 B.C. 5500년경에는 수메르가 도시국가를 형성하고, B.C. 4500년경에는 수메르가 원정에 나섰던 일들이 있었기 때문이다. 하물며 B.C. 2400년경에 만들어진 비너스상을 보았을 때는 어떠했겠는가. 그러므로 미국 사람들은 성경(구약)을 신화로만 인식하는 것이다.

그러면 동생을 죽인 카인은 어떻게 되었는가. 놋 지방으로 가 하나의 도시를 형성하고 살았는데, 거기에 모인 사람들은 아담과 이브가 쫓겨날 때 지고 온 원죄가 없는 사람들이었다.

그래서 1925년 7월 21일 미국 테네시주 데이턴에서는 학생들에게 진화론을 가르친 스콥스의 재판이 벌어졌는데, 그

재판을 '원숭이 재판'이라 부르고 있다. 재판장은 두 번이나 대통령에 나왔다가 떨어진 전 국무장관 제닝스 브라이언이었고 변호사는 미국 인권연맹 진보교육계인사 클레이언스 대로우였는데, 재판 내용은 "카인이 어떻게 아내를 얻었으며 이브는 정말로 아담의 갈비뼈에서 탄생되었는가" 하는 문제가 중심이었다.

그런데 그 재판은 100달러짜리 벌금으로 끝나고 버클리법은 위헌으로 판정되었으며, 성서의 창조론은 미신으로 웃음거리가 되었다. 성서를 믿는 사람들이 정교분리의 원칙을 깨고 공립학교에서 진화론 교육을 금지시켰기 때문이다.

이로 인하여 여호와에게도 아내가 있어 아들들을 낳았는데 장차 그 아들들이 사람의 딸들을 좋아하여 반신반인의 '네피림'으로 형성되었다는 사실까지 밝혀졌다.

"하나님의 아들들이 땅위의 딸들을 취하여 네피림(거인들)이 형성되었고, 그 뒤에도 용사를 낳았다."

〈창세기 6:1－4〉

그래서 예수님은 이 이치가 맞지 않다 하여
"부활 때에도 장가를 아니가고 시집도 아니간다"

〈마태복음 22:30, 마가복음 12:25, 누가복음 20:34〉

하였는데, 이 설화는 수메르와 그리스 신화 천사 + 사람 = 네피림, 제우스 + 알크메네 = 헤라클레스 식으로 구성된 것이기 때문이다.

사실 가나안에 처음 들어온 이방인 히브리민족들은 목이

긴(거인족) 아담의 자손들과 함께 살고 키가 3m가 넘는 삼손, 골리앗과 같은 사람들이 살고 있었기 때문에 두려움이 많았다.

그러면 여호와의 부인은 누구인가. 엘신의 배우자 여신, 아쉐라다.

이 글은 1967년 키르벳 엘콘(헤브론과 리기쉬 사이)에서 발굴된 B.C. 8세기경 묘지 명문에서 나왔다.

"여호와와 그의 아쉐라의 이름으로 우르야호를 축복한다."

그곳 묘석에는 여호와와 아쉐라가 행복한 미소를 짓고 있는 모습까지 조각되어 있다. 또 1975년 시나이반도 서북부 쿤틸렛 아즈루드에서 발견된 B.C. 8세기경 두 개의 도자기 명문에도 나타나 있다.

"사마리아의 여호와 이름으로 그리고 그의 배후자 여신 아쉐라의 이름으로 축복하노라."

또 천지에 죄악이 들끓자 하나님은 끝없이 비를 내려 천하 만물을 다 죽이고 오직 방주 속에 들어있는 노아와 그의 아내, 그리고 아들들(셈·함·야벳)과 세 자부만 남겼다.

하루는 아버지 노아가 술에 취해 벌거벗고 누워있는 것을 보고 둘째 아들 함은 웃고 나왔는데, 셈과 야벳이 이불을 덮어 드렸다. 술이 깬 노아는 함에게 "너희는 장차 형제 종들의 종이 될 것이다" 저주한다.

성서학자들은 히브리 민족이 가나안 땅을 차지하기 위하여 계획적으로 한 작업이라 보고, 함이 그의 아버지와 남색관계가 있었을 뿐 아니라 아버지의 첩과 관계가 있었기 때문에

"너는 네 아버지 아내의 하체를 범하지 말라."

〈레위기 18:8-11〉

는 말이 나오게 된 것이라 말하고 있다.

그리고 장차 함의 자손들이 건설한 가나안을 젖먹이 하나까지도 남기지 않고 깡그리 멸망시켰다 하는데 소돔과 고모라 사건이다. 이것을 성서에서는 '신의 명령'이라 하고 있으나 함과 선주민들을 싹쓸이하고 이스라엘 백성들이 차지하게 되는 역사를 이렇게 풀이하고 있다고 가나안의 팔레스타인들은 증명하고 있다.

그러면 아브라함의 자손들은 어떻게 하여 생겨났는가.

3. 아브라함의 자손들과 그 가족들

아브라함은 노아의 12대 손으로 메소포타미아(이라크) 갈대아 우르 출신이다. 유대민족의 조상으로 이복동생 사라와 결혼하여 살다가 나이 늦도록 아기를 낳지 못해 마그레브왕국(오늘날 모로코·알제리·튀니지·리비아·모리타니아)으로 왔다가 마그레비국왕의 딸로 사라의 몸종 하갈을 들여 대리모로써 아들을 낳았다.

성경에는 근친상간을 경계하고 있지만 아브라함 가족들은 근친상간을 하고 있다. 나사렛 예수 이외에는 다윗 계보가 요셉에 이르기까지 대부분 근친결혼을 해왔기 때문에 지금 미국 교육위원회에서는 구약성서를 청소년들에게 읽지 못하게 하고 있다.

① 아브라함과 사라는 이복남매이고
② 나홀과 밀가는 삼촌 숙질간이며,
③ 아브라함의 조카 롯은 두 딸을 데리고 살았고
④ 이삭과 리브가는 5촌 조카이며,
⑤ 야곱과 레아·라헬은 외삼촌의 두 딸이고
⑥ 야곱의 아들 르우벤은 아버지의 첩 빌하와 살았으며,
⑦ 오난과 다말은 형수와 시동생이고
⑧ 유다와 다말은 시아버지와 며느리 관계이며,
⑨ 보아스와 룻은 시삼촌과 조카며느리이고
⑩ 다윗의 아들 암논과 다말은 이복남매이며,
⑪ 다윗왕의 아들 아도니야는 아버지의 첩 10명을 능욕하였다.

셈족인 아브라함은 전쟁으로 살기 어려운데다가 신전에 불을 지른 죄로 고향에서 추방되어 310명의 노예와 가족 도합 1천명을 거느리고 무작정 서방으로 유랑하다가 사막의 꿈속에서 "나, 여호와를 부족신으로 섬기면 젖과 꿀이 나는 가나안땅을 주겠다" 하여 갔으나 거기에는 일찍부터 선주민들이 살고 있어 남쪽 네게브를 거쳐 이집트(애급)에 이르렀다. 애급사람들은 이방인을 보면 그 남편을 죽이고 여자를 빼앗아 간다는 소문을 듣고 그의 부인 사라에게 형제간으로 위장하여

파라오(태양의 아들)에 바쳐질 것을 예약하고 있었는데, 마침 애급왕 채홍사를 만나 파라오에게 바쳐지자 왕은 그 미모를 사랑하여 첩으로 삼고 왕궁 하렘에 데리고 가 동침하였다. 너무나 마음에 들어 그의 오빠 아브라함에게 몸값으로 가축과 남녀 노예를 하사하였는데, 그 가운데 하갈이 포함되어 있었다. 어떻든 어려운 피난생활 가운데서 사촌동생 덕분에 작은 부자가 되었다.

아브라함은 이런 방법으로 그랄에서도 아비멜렉왕에게 사라를 바치고 대접을 받았고, 세번째는 아브라함의 아들 이삭이 그의 아내 레베카(리브가)를 아비멜렉(블레셋)왕에게 보내 선물을 받아 흉년을 넘겼으므로 부자(父子)가 똑같이 아내를 팔아먹은 촌주로 인식되었기 때문에 애급사람들은 히브리족을 좋게 보지 않았다.

어떻든 사라는 오래 전부터 석녀(石女)로서 미안한 마음이 있었기 때문에 애급왕에게서 상으로 받은 하갈을 아브라함과 잠자리를 하게 하였고, 하갈은 아들 이스마엘을 낳는다. 아브라함이 하갈을 사라보다 훨씬 좋아하여 시기 질투로 하갈을 못살게 군 사실은 성서 가운데 여러 군데서 발견되고 있다.

그런데 뜻밖에 그의 나이 90, 남편 나이 백 살에 수태고지가 왔다.

"마므레 상수리숲 근처에 있을 때 어느 날 가브라엘 등 천사 3명이 와서 아들을 날 것을 예고하였다."

과연 사라는 거기서 이삭을 낳았다. 참으로 신통한 일이었다. 그런데 그 아이는 아브라함에 의해 하나님께 바쳐진다.

그래서 이스마엘과 하갈이 떠난 뒤 사라가 137세에 죽자 아브라함은 셋째 부인을 데리고 그에게서 난 아이들을 거느리고 175세까지 살다 죽어 헤브론의 막벨라굴에 묻혔다.

그 뒤 두 천사는 극도로 타락한 소돔과 고모라를 멸망시키는데, 아브라함의 조카 롯이 소돔성 안에 있다가 남색을 즐기는 사람들이 몰려와 괴롭히자 두 딸을 내어주었는데 말을 듣지 않자 천사들은 그들 폭도들의 눈을 멀게 하고 롯과 그 집 식구들을 도시 밖으로 벗어나게 하고, 유황불을 비내려 두 도시를 완전히 불태워버린다.

성서에서는 그 죄목을 동성애 때문이라고 기록하고 있지만 유대교의 탈무드나 미드라쉬에서는 자만·교만·불친절 때문이었다고 기록하고 있다. 금전만능주의로 남을 환대하지 않고 가난한 자를 돌보지 않은 까닭이다. 두 도시 사람들은 아스팔트와 소금장수로 중개무역을 하여 부자로 살았지만 이기적이고 약삭빠른 짓을 많이 하였기 때문이다. 그래서 이방인 여호와에 대해서도 무관심하였기 때문에 당했다고 기록하고 있다.
"오만·사치·안일로 가난한 자를 돕지 않았다."

〈에스겔서 16:49-50〉

성경 구절에서 프랑스 사람들은 히브리인들의 여성비하사상을 간추려냈다.
"어떻게 자신의 처녀 딸을 소도미(동성애자들)들에게 개 돼지처럼 불쑥 내민단 말인가!"

"한 레위족 사람이 종과 첩을 데리고 베냐민 지파의 도시 기브아를 지나가다가 한 촌노의 환대를 받고 그 집에서 묵어 가게 되었는데, 그날 밤 기브아 사람들이 에워싸고 남색을 하겠으니 레위 사람을 내어달라고 하자 촌노는 자신의 처녀 딸을, 레위 사람은 그의 첩을 내어주겠다고 하자 그들은 첩만 끌고가 윤간하였는데 그 여인은 새벽녘에 돌아와 문 앞에서 죽었다. 레위 사람은 첩의 몸을 12조각을 내어 상소와 함께 이스라엘 각 부족에 보내 군사를 일으켜 결국 기브아 사람들을 멸족하게 하였다."

〈사사기 19:14 – 30〉

이 이야기가 소돔이야기로 바꾸어졌다고 한다. 히브리의 유목민들이 이렇게 하여 선주민·수메르·바빌로니아·이집트·가나안·시리아·페니키아·그리스 등 주변 국가들을 정복해가는 장면이다.

홍해 이야기도 바빌론의 신화가 그대로 장식된 것이라 한다.

"선지자 엘리아와 엘리사 요르단 강물을 갈랐다."

〈열왕기 하 2:8, 2:14〉

여호와는 이렇게 자신이 창조한 인간들을 타락했다고 불태워 죽이고 때로는 노아 홍수처럼 물에 빠져 죽이고 불로 태워 죽이기도 하였으며, 어떤 때는 세균을 풀어 질병으로 몰살시키기도 하였다. 이러한 사건은 제1차대전 때 독일군이 이교도 유대인들을 몰살시키는 장면을 소련 병사가 기록한 일기에도 저주스럽게 기록하고 있다.

〈1943년 Annani siovich 증언〉

롯은 그 뒤 소알에 이르러 두 딸과 함께 살면서 큰 딸은 아들을 낳아 모압(아버지로부터)이라 하고 작은 딸의 아들은 벤암미(근친의 아들)라 하였으니 오늘날의 모압족과 암몬족이 그들이다.

그래서 미 교육계에서는 성서를 19금으로 지정하고 청소년들에게 절대로 읽혀서는 안 된다 주장하고 있다.

〈애리조나교육부, 미 학부모 연대 성명〉

두 번씩이나 자기 아내를 왕에게 빌려준 아브라함이라든지 천사들에게서 난(혹 아비멜렉왕의 자식이란 말도 있음) 이삭을 번제로 하나님께 바치는 아브라함에 대하여 애급사람들은 이해할 수 없는 사람이라 말하고 있다.

그러나 이 이야기는 아크하트시 다엘왕에 나오는 이야기가 번안된 것이라 한다.

〈1929년 프랑스 고고학자에 의해 발굴된 우가리트 점토판〉

뿐만 아니라 히브리인들이 상대방에게 맹세할 때 상대방의 성기(불알)을 잡고 맹세하는데 이 또한 수메르 신화에서 번안된 것이라 한다.

"수메르의 대기의 신 엔젤은 하늘신 아누하 땅의 여신 안투 사이에서 태어난 아들이다. 엘린이 강가에서 목욕하고 대기의 여신 브린에 유혹되어 달의 신 난다를 낳는다.

엘린이 비도덕적 행위로 지하로 쫓겨간 남편을 만나러 가다가 강나루에서 뱃사공과 세 문지기에게 여신의 음부에 손을 대고 맹세하며 세 번 교제하여 세 아들을 낳는다.

마치 그리스의 제우스가 독수리·백조로 나타나 처녀들을 농락한 것같이 말이다. 이것이 곧 모계중심사회의 수메르 관습이다. 그런데 그것이 부계중심사회로 와서 남자의 성기를 만지는 습관으로 달라졌다.

또 야곱(이스라엘)은 이삭과 리브가 사이에서 형 에서와 함께 쌍둥이로 태어났다. 팥죽 한 그릇으로 형 에서에게서 장자권을 따내고 팔에 양털을 감아 눈이 어두운 아버지의 축복을 받아낸다.

이로 인해 죽임을 당하게 되자 유프라테스강을 건너 하란까지 640km를 달려 외삼촌 라반의 집에 이른다. 라반에겐 레아(암소)·라헬(암양)이라는 두 딸이 있었는데, 첫눈에 라헬을 사랑하여 7년 동안 무보수로 일을 하였다.

그런데 7년 동안 일하고 그 딸을 주기로 한 삼촌은 인물이 못생긴 큰 딸을 잠자리에 넣어 속임으로써 다시 7년 동안 머슴을 살아 두 딸을 다 차지하게 된다. 두 딸을 끼고 장인 부부를 속여 양 새끼들을 빼돌려 부자가 된 야곱이 두 부인과 함께 도망쳐 전형적인 유대인의 모델로 성장하여 문학작품의 주인공으로 등장하고 있다.

이슬람들은 이것이야말로 기독교인들의 얄팍한 상술이라 생각하고 그의 권속들을 미워하여 저주한다.

언니 레아는 박색이지만 아이를 연달아 낳아 나름대로 지위를 확보하고, 동생 라헬은 아기를 낳지 못해 여종을 대리모로 넣어 경쟁하는 모습은 차마 눈뜨고 볼 수 없다. 여종 빌하에게서 먼저 난 아들이 단, 둘째 아들은 납달리(승리)라 이름 하였고, 빌하보다 뛰어난 미모와 기교를 가진 언니 실바를 보내 첫째 갓(軍自), 둘째 아셀(기쁨)을 얻는다. 실바는 아들을 낳고 나를 지원하는 군대가 와 기쁘다는 뜻으로 이름을 그렇게 지었다 한다.

이렇게 하여 다시 사랑을 받게 된 큰 부인은 모두 6남 1녀, 7남매를 낳았는데 이렇게 하여 야곱은 두 부인과 두 첩 사이에서 아들 12명과 딸 하나를 낳아 12부족의 시조가 된다. 여기서부터 일부다처제가 만들어진다.

한편 야곱과 레아의 맏아들 르우벤은 최음약 멘드레이크(合歡藥 ; 두다임, 사랑을 부르는 풀)를 구해 어머니를 즐겁게 하는 일까지 하였다.

이렇게 성서에는 야곱과 레아 사이에서 태어난 장남 르우벤이 아버지의 서모(4번째 부인) 빌하가 목욕하는 장면을 보고 밤중에 들어가 통간하는 장면이 에디오피아 정교회 성서 요벨리에 구체적으로 기록하고 있다. 그래서 르우벤은 장자권을 넷째 동생 유다에게 물려준다.

아브라함의 4대손 유다는 원주민 딸과 결혼하여 엘·오난·셀라 3형제를 두는데, 장자 엘이 아기를 낳기 전에 죽어 오난에게 형수 다말과 잠자리를 같이 하게 하였으나(이것을 逆緣婚이라 함) 형에게 후손을 남겨주지 않으려고 질외사정을 하여 오나니즘을 행하다가 마침내 죽게 된다. 유다는 셋째마

저 죽게 될까 염려되어 셋째 셀라가 장성할 때까지 기다리라 하며 다말을 친정으로 보낸다.

다말은 세월이 흘러 셋째가 장성했어도 결혼시켜주지 않자 한 꾀를 냈다. 시아버지 유다는 부인을 잃고 쓸쓸하여 아쉘라 여신의 여사제들에게 종종 다니며 외로움을 달랬는데, 하루는 며느리 다말이 이 소식을 듣고 신전 창녀복을 입고 밖에 나와 있다가 시아버지를 만나 관계를 하고 그 화대로 인장과 지팡이를 받았다. 이로 인해 임신을 하여 간통죄에 걸린 다말이 그 증거물을 내놓아 죽음을 면하고 시가로 가서 시아버지와 함께 살며 쌍둥이 베레스와 세라를 낳았다. 후에 베레스 자손 가운데서 이스라엘왕의 다윗(솔로몬의 아버지)이 태어났으므로 예수님을 왕손이라 하게 된 것이다.

사실 이들은 다같이 메소포타미아의 풍습에 따라 상대방의 성기를 붙들고 맹세하며 근친상간하게 되었다. 그것이 지금은 두 손을 모으고 기도하는 풍습으로 바뀌었다.

이와 같이 IS와 기독교는 유목민과 농경민족간의 갈등 착취에도 영향이 있지만, 실제로 예수가 인도에 가서 불교를 배워가지고 와 승복을 입고 포교하는데도 거부감을 느꼈기 때문에 싫어하였다고 한다.

4. 배척받은 예수님

(1) 사해문서((死海文書)의 증언

누가복음 4장에는 예수님께서
고향 사람들에게 배척받은 이유가 나온다.

첫째는 성모 마리아가 로마병정 판넬라와 결혼하여 낳았기 때문이고

둘째는 요셉과 크로바에게서 난 야곱과 요셉·시몬·유다·마리아·사로메와 아버지가 달랐기 때문이며,

셋째는 일찍이 집을 나가 다른 나라에 유학하여 공부를 하고 돌아왔다고 하지만 그는 이미 이교도의 종교에 물들어 있었기 때문이다.

그래서 나사렛 근처 397m 절벽에서 밀어뜨려 죽이려 하였으나 예수가 갈릴리 가버나움으로 내려가 귀신들린 사람들을 구제하시니 그 소문이 근처 사방에 퍼져 나갔다.

사해문서는 1947년 베두인(아랍계 유목민) 에드 디브에 의해 처음으로 발견되었다. 이 두루마리들을 상인 이브라힘 에즈하가 베들레헴으로 가지고 들어왔지만 시나고그(유대교 사원)에서 훔쳤다는 의혹 때문에 그들에게 돌려주었고, 그후 이 문서들은 칸도라고 불리는 골동품 상인에게 넘어갔다. 이 문서들 중 4개의 두루마리를 사무엘 주교가 사게 된다. 주교는 히브리 대학 고고학 교수 엘레이저. L. 수케닉에게 감정을 의

뢰하자 그는 두루마리를 사진촬영하여 보관하였고, 같은 해 두루마리 3개를 입수하였다.

사해문서의 내용이 고고학계에 공개되자 역사학자들과 고고학자들은 매우 충격을 받았다. 거기에는 B.C. 250~100년 사이 기록된 것으로 보이는 유일신교(유대교·기독교)에 대한 내용이 유대교 일파인 엣세네파에 의해 자세히 쓰여져 있었기 때문이다. 정의의 교사 메시아는 한 명이 아닌 두 명이 소개되어 있었는데 하나는 다윗과 관련된 왕족이고 다른 하나는 차다크(사독)의 사제였다.

이후 에스더기를 제외한 구약의 모든 책이 다 발견되었지만 이사야서를 제외하고는 모두 두루마리 사본의 조각 뿐이다.

유대종교 일신교는 서양에서 비롯된다. 구주 여러 나라에서 일찍부터 해·달·강·바다의 신과, 암석·수목의 정령을 받들었다. 천제가 살마의 혼령을 부여했다고 생각하기 때문에 애급종교는 유일신 천신을 믿는다. 6일 동안 천지 만물을 만들고 제7일에 흙으로 사람을 만들어 아담(亞堂)과 하와(夏娃)를 만들어 인류의 조상을 삼았다. 이것은 중국 반고씨가 천지 개벽 전 혼돈시대 흙을 뭉쳐서 만들었다고 하는 설화와 같은 것인데, 모르는 사람은 모를 수밖에 없다.

또 모세(摩西)가 시나이(蒜來)산에서 하나님의 묵시를 받고 경교(景敎)가 되었는데, 이것은 한국의 천도교신화와 일치되는 설화이다.

예수 탄생 후 500년 무함마드(摩哈然特)가 아라비아에서 회회교를 창시, 하나님은 오직 한 분임을 강조하였다.

무신교이면서도 다신교와 일신교를 겸한 불교는 인도의 옛 바라문교의 범천과 제석 등을 섬기는 종교다. 바라문·찰제리·폐샤·수드라 이 네 종족은 모두 범천으로부터 태어났기 때문에 마땅히 하늘을 섬겨야 한다는 학설이다.

이 같은 사실은 전통적인 인도 4위타서(베다 ; 리그·야즈르·사마·아타르바)가 되어 상키아파·바이세시카파·니간타파의 3파로 전해 내려왔다.

상키아파는 수론(數論:70금로 25제), 바이세시카파는 승론(勝論:十句義), 니간타파는 이계자(離繋子)로서 96종의 외도로서 생천의 도리를 밝힌 것이고, 바이세시카파는 업력과 분이 하는 것이고, 상키아는 나를 없애는 것이다.

그래서 중국의 태허법사는 "영혼이 없으면 주재자도 없다" 하여 창조적 무신론을 주장하였다. 왜냐하면 영혼의 학설은 염세사상이나 파괴주의를 만들어내니 마치 장자가 제물편에서 유신과 무신을 한꺼번에 주장한 것과 같기 때문이다. 유신·무신은 모두 인간의 자유평등을 해친다.

그런데 백운스님은 보병궁복음서와 사해문서, 신약성서 가운데 나오는 불교적인 소재를 다음과 같이 발췌하여 비교해 치병의 기적에 대하여 설명해 놓았다.

"예수께서는 그곳을 떠나 갈릴리 호숫가로 가셨다. 그리고 산 위로 올라가 앉으셨다. 큰 무리가 걷지 못하는 사람, 다리

를 저는 사람, 눈먼 사람, 말 못하는 사람과 그 밖에 많은 아
픈 사람들을 예수의 발 앞에 데려다 놓았고, 예수께서는 그들
을 고쳐 주었다. 사람들은 말 못하던 사람이 말을 하고, 다리
를 절던 사람이 낫고, 걷지 못하는 사람이 걷고, 눈먼 사람이
보게 된 것을 보고 모두 놀랐다. 그리고 이스라엘의 하나님께
영광으로 돌렸다."

〈마태복음 15:29-31〉

"이상하여라. 일찍이 없었던 일이다. 부처님께서 성으로 들
어오시면서 나타내시는 이러한 여러 가지 신통력은 일찍 없었
던 일이다. …(30째줄)… 귀머거리와 장님과 또 벙어리들은 곧
보고 듣고 말하게 되며, 그 때 성(城)들은 악기인 것처럼 두
드리지 않아도 저절로 묘한 소리를 내었다."

〈한글대장경 제6책 장아함경 2권〉

(2) 이사스님 이야기

이사스님은 예수의 불교적 이름이다. 신약성서에는 "예수님
은 12세 사원에 있었고 …… 30세에 요르단 강가에 있었다"
고 기록되어 있고, 누가복음서는 "사막에 있으면서 정신적 능
력을 키워왔다"고만 기록되어 있다.

그런데 러시아 역사가 니콜라스노토비치가 1887년 북인도
여행 중 캐시미르 헤미스 사원에서 라마승에게 두 권의 저서를
얻었는데, 연구 결과 "예수님이 인도에서 구도생활을 했으며,
불교의 고승 이사였다"는 사실이 밝혀졌다. 그 책은 서기 2세
기 이전 팔리어로 기록되어 있었으며, 신들의 장소로 알려진

라사 근처의 한 사원에 보존되어 있다는 것도 알게 되었다.

이것을 번역한 책이 홀거 게르스텐의 〈인도에서의 예수 생활〉, 엘리자베스. C. 프로펫트의 〈예수의 잃어버린 세월〉, 민희식의 〈법화경과 신약성서〉다.

그 뒤 리처드 보크가 실제로 인도, 티베트 등을 답사하며 제작한 다큐멘터리 필름의 내용을 민 교수가 정리하여 〈예수는 한때 불교고승이었다〉는 제목으로 쓴 글이 1986년 10월 26일자 주간 중앙에 게재되었다.

민희식 교수는 84년 펜번역문학상을 받고, 85년 프랑스 대통령으로부터 문화훈장을 받은 대석학이다. 그가 프랑스 국립 박물관에 갔다가 미처 공개되지 않은 비장의 문서를 발견하고 다음과 같이 번역하였다.

"독실한 불교도였던 예수의 불교식 이름은 이사(ISSA)이다. 13세에 유대법에 따라 가장권을 갖고 결혼해야 하는데, 유난히 준수한 이사를 사위 삼고자 하는 부호의 끈질긴 요구를 피하여 비밀리에 온 상인을 따라 인도지역으로 떠났다.

14세에 아리아인들과 함께 살면서 힌두교 거장들에게 베다 우파니샤드 등을 공부하였으나, 4성계급을 주장하는 바라문교에 실망하여 만인의 해탈과 평등사상을 부르짖는 불교에 매료되어 붓다가야·녹야원·베나레스 등에서 6년을 교리 공부하며 수도생활을 하였다.

그리고 캐시미르를 거쳐 라닥크의 레에서 팔리어, 산스크리

트어를 배우고, 티베트 밀교 고승 맹그스테에게서 기적을 일으키는 비법과 심령치료법 등을 집중적으로 익혔다.

이렇게 불교의 고승이 된 이사 스님은 29세에 불교의 복음을 전파하기 위하여 페르시아를 거쳐 이스라엘로 귀국하여 불교의 가르침을 몸소 실천 새로운 민중의 희망으로 부상하게 되었다."

그래서 예수님께서 처음 입으신 옷이 석가 부처님께서 입은 옷의 형식에 티베트 승려들이 입는 붉은색 가사를 입게 되었고, 출가교단의 수행원들이 독신을 위주로 구성되고 있었으나 새로 일어나는 보살불교에 심취, 머리를 기르고 법사(보살)행을 하였다. 또 신자들에게 불교에서 계를 주는 대신 욕불식 때 사용하는 물을 뿌려 세례하였으며, 불명 대신 세례명을 주었던 것이다.

그리고 불교의 법·보·화 3신 사상이 기독교에 이르러서는 성부와 성자 성신의 3신 사상으로 확립되고, 그것이 그림으로 그려질 때는 후광이 나타나게 하였으며, 그 앞에서 예배드릴 때는 향과 초를 사용하였던 것이다.

또 기도할 때는 불교에서는 염주와 요령을 사용하고 있는데, 기독교에서는 묵주와 요령을 사용하고, 다같이 찬양하는 노래를 부르고, 5계 10계 등 계를 받고 세상을 말법, 말세라 칭하며 성지를 참배, 죄를 씻고 극락과 천당 지옥을 설정하여 가서는 안 되는 곳과 가야할 곳을 제시하였던 것이다. 단체 수장의 명칭도 기독교과 불교가 '장로'로 똑같다.

이렇게 동양의 불교가 서양에 이르러 이스라엘 전통의 유대사상을 개혁하고 또 그것이 한 번 더 변화하여 억압된 성적 욕구는 성직수행의 큰 걸림돌이 되며 모순된 현실을 바로잡기 위해서는 성직자의 결혼이 허가되어야 한다고 주장하는 프로테스탄트가 생겨나 종래의 전통에 항거함으로써 천주교와 기독교가 서로 다른 것처럼 인식되었지만 결국 그 뿌리는 하나임을 인식하여야 한다.

사실 불교의 역사는 불타입멸과 동시에 이루어졌으나 기독교의 역사는 오랜 세월을 두고 내려온 건축물이므로 그 종파(여러 사람)에 따라 달리 이해된 점이 많다.

그래서 후세 사람들은 불교의 색채가 농후한 토마스(도마)의 복음서를 편집할 때 삭제하기까지 하였던 것이다.

사실 예수님의 구도 기행에 대해서는 1884년 미국 출신으로 18세에 목사가 되고 20세에 종군, 남북전쟁이 끝날 때까지 성실하게 목사 생활을 한 리바이 도우링(1911, 69세로 사망)의 아카식 레코드에도 나와 있다.

기독교에서는 이 책을 제3의 복음서 "보병궁복음서"라 하는데, 이것은 사람의 힘에 의해 기록된 것이 아니고 우주의 마음이 영계의 기록방법인 아카샤(akasha)에 의해 기록된 것이라고 한다.

거기에는 예수님 어머니 마리아의 출생과 세례 요한의 어린 시절, 예수님의 어린시절 등 4대 복음서에 나타나지 않는 부분이 상세히 기록되어 있다.

예수님이 어린 시절 인도에 가게 된 동기는 인도 오릿사주

의 왕족인 라반나가 유대의 제례에 참석했다가 총명한 예수님
을 보고 인도로 데려간 것으로 되어 있고, 그때 예수님의 나
이는 열두 살이라 기록되어 있다.

처음 인도에 가서 들어간 사원은 "쟈간나스" 사원이었고,
거기서 바라문교의 승려가 된 것으로 기록하고 있다.
그는 당시 인도 최고의 명의 우도라카의 제자가 되어 자연
의 법칙과 치료법을 배웠으며, 베다와 불경을 동시에 공부하
였다. 그런데 바라문교의 4성계급에 불만을 품자 카스트제도
를 파괴한다는 죄에 걸려 죽게 된 것을 라마스의 도움으로
네팔로 도망쳤다고 한다.

그 뒤 성인 피자빠찌의 소개로 밀교의 대성자인 맹그스테
에게 찾아가 많은 고전을 읽고 24세에 이곳을 떠날 때는 "광
명의 부처"라는 찬사를 받았다 한다.

예수님은 고향으로 돌아가 자신이 출생할 때 찾아온 아기
교 승려 동방박사 3인을 만나고 요단강을 건너 집으로 돌아
왔으나 어머니와 여동생 미리암에게서만 환대를 받고 가족들
에게는 환대를 받지 못했다.
그래서 어머니와 여동생에게만 그동안 공부했던 역사를 들
려주고 희랍으로 떠나 희랍정신을 배운 뒤 25세에 이집트 조
안으로 가 헬리오폴리스(해의 도시)의 성자들의 모임인 형제
단에 입회하였다.

여기서 6단계의 시험을 거쳐 거룩한 스승의 제자가 되어

이집트 밀교의 비밀, 생사문제, 태양계 바깥의 비밀을 배운 뒤 마지막 일곱 번째 "보랏빛 방"에서 시험을 거쳐 그리스도라는 법명을 받는다. 이것이 보병궁복음서의 내용이다.

복음서란 원래 하늘의 소리를 알리는 복된 말이므로 마땅히 믿어야 할 것이지만, 현재 기독교는 4대 복음만을 중심으로 하고 보병궁복음서나 외부(인도)의 기록들은 일축함으로써 천주교나 기독교는 서양에서 만들어진 독특한 종교로 이해하고 있는 것이다.

기독교의 성서가 이스라엘 창세기 역사를 배경으로 하여 희랍·로마의 정치·경제·철학이 삽입되고 거기 불교의 인과·인연·일승사상과 그리고 전통 인도의 바라문교의 천당사상과 조로아스터교의 지옥사상이 가미되어 있음을 잊어서는 안 될 것이다.

우리들은 이 글을 쓰면서 어찌하여 요셉이 자기의 목수일을 성실하게 배워가고 있는 총명한 예수를 멀고먼 동쪽나라 인도에까지 유학 보내게 되었을까 생각해 보았다.

말이 적고 행이 무거운 요셉이 생각할 때는 예수가 아무리 성령에 의해 탄생한 하나님의 아들이라 할지라도 이 세상 누구도 믿을 사람은 없다. 뿐만 아니라 다윗의 족보에 올린 예수를 좋아할 사람이 없을 것이라는 것을 미리 예측한 것이다. 설사 훌륭한 인격을 형성하여 돌아온다 하더라도 그를 믿고 따를 사람이 없을 것이라는 것을 미리 안 것이다.

그래서 차라리 멀리 떨어진 외국에 가서 살다보면 타고난

재질을 살려 훌륭한 인격을 형성하지 않을까 생각한 나머지 유학을 보낸 것이 아닌가 생각해 보았다.

예수의 총명한 기지를 보고 데릴사위를 삼겠다 한 사람이 나타났는데도 말이다.

과연 예수는 요셉의 기대에 어긋나지 않게 공부해 가지고 왔으나 고향사람 누구에게도 사랑을 받지 못했다. 뿐만 아니라 애급사람들 가운데는 히브리인들의 노예제도와 이성문제, 수간, 월경금기사상까지를 들어 업신여긴 사람도 있었다.

(3) 귀고리 노예제도

히브리 사람들은 종을 사서 6년 동안 부려먹고 7년이 되면 풀어주게 되어있다.

그런데 단신으로 왔으면 단신으로 풀어주지만 그동안 결혼시켜 아내와 자식을 가지게 되면 아내와 자식은 상전의 물건이 되게 하고 남자 혼자 나가게 되어있다.

그러나 종이 진정으로

"나는 아내와 자식을 사랑하니 이 집을 나가지 않고 그들과 함께 살겠습니다."

하면 상전이 그를 데리고 재판장에 가 문설주에 귀를 대고 송곳으로 구멍을 뚫어 귀고리를 함으로써 다시는 오고 가지 못하는 노예가 된다.

이것이 서양에서 남성 귀고리가 생기게 된 동기이다. 그런데 이 노예들은 죽도록 일을 하다가 잘못하여 매를 맞으면 즉시 죽으면 책벌을 받지만 2, 3일 후에 죽으면 죄가 되지 않는다.

〈출애급기 21:2-6〉

이렇게 인질로 잡힌 처자식들은 영구히 주인의 노예가 되어 주인이 마음대로 농락하기도 하고 팔아먹기도 하였다.

마젤란이 유럽과 신대륙을 발견하였을 때도 원주민들을 노예로 만들어 팔아먹기도 하고 부려먹기도 하였다.

단지 수메르의 창조설화에 나오는 주일 휴식년을 따서 7년 만에 한 번씩 땅을 쉬게 하듯 노예들에게 휴가를 주기도 하였다. 그러나 남자는 이렇게 자유의 몸이 될 수 있으나 한 번 노예가 된 여인은 처녀가 되었든지 과녀(寡女)가 되었든지 주인이 데리고 살다가 자신의 아들에게 주어지면 자식처럼 데리고 살고, 그렇지 못할 때는 다른 사람에게 팔려가서 성노예가 되기도 한다.

〈출애급기 21:7-11〉

만약 이들 노예들이 할당된 일을 맡아 다하지 못할 때는 아버지(남자)는 매를 맞아 대가를 치르지만 어머니(여자)의 경우는 손목을 잘라버린다.

또 일을 하다가 다툼이 생겨 남의 생명을 상하게 되면,

"눈은 눈, 이는 이, 손은 손, 발은 발, 덴 것은 덴 것으로, 상한 것은 상하게 하여 그 갚음을 받게 한다."

〈출애급기 21:23-25〉

사실 이 글은 수메르 함무라비법전에 있는 것인데 히브리 사람들이 그대로 응용하여 기독교의 법전이 되게 되었다.

(4) 히브리인들의 성 개념

히브리인들은 노아의 아들 셈 계통의 사람들을 가리키나 실제는 애급에 있을 때부터 이스라엘 사람들을 지칭한 이름이다. 오랜 유목생활 속에 가나안에 자리잡아 통일제국을 형성하고 막강한 힘을 길렀다.

아담의 첫째 부인 릴리스는 부계중심사회의 체위(體位) 때문에 쫓겨나 여사제가 되었고, 남편에 복종하는 이브는 이웃 나라 뱀신(의사)에게 선악과 따먹는 법을 배워 에덴동산에서 쫓겨난다. 모두 이것은 가나안 농경민족들의 기우제(신들의 신, 바람과 태양을 관장한 바알, 셈족의 어머니, 전쟁신 아나트, 특히 아랍인들이 잘 섬겼던 아쉴라)에서 다산 풍요의 예법을 베웠고, 동생 아벨을 쳐 죽여 제사한 카인은 놋에 이르러 현지인과 결혼하여 에녹(자신의 아들 이름)이란 도시를 이루었다.

여호와의 아들들(천사 ; 옛 농경민족의 아들들?)은 인간의 딸들과 결혼하여 네피림(반신반인의 거인 용사 ; 아낙·르바임·에밀·삼승밀)을 낳았다는 것은 그리스신화에서 나오는 제우스신과 지상의 여인 알크메네와 결혼하여 헤라클레스 같은 자식을 낳은 것과 같은 것이다.

홍수에서 살아남은 노아의 아들(차남) 함은 아버지와 남색하고 아브라함의 조카 롯은 두 딸과 관계하였다.

이렇게 아브라함과 이복동생 사라, 나홀(삼촌)과 밀가(조카), 아브라함의 조카 롯과 두 딸, 이삭과 리브가(5촌 조카), 야곱과 레아·라헬(외삼촌의 두 딸), 야곱의 아들 르우벤과 아버지의 첩 빌하, 형수와 함께 산 오난과 다말, 시아버지와 함께 산 다말, 조카며느리와 성관계한 보아스와 롯, 다윗의 아들 암논과 이복여동생 다말, 다윗왕의 아들 아도니야가 아버지 첩 10명을 능욕한 일 등, 예수의 아버지 요셉 이전까지 근친상간이 그치지 않았다.

또한 아브라함이 그의 아내 사라를 파라오와 아비멜렉에게 팔고 그의 아들 이삭이 아내 리브가를 아비멜렉에게 바친 것이나, 여종 하갈을 대리모로 들여보내 이스마엘을 낳게 하고 90노파 사라는 젊은 천사들의 고지를 받고 이삭을 낳는다.

타락한 도시 소돔과 고모라에서는 타락한 사람들을 유황불로 진멸하고 오직 롯과 그의 아내와 두 딸이 도망쳐 오다가 그의 아내는 뒤를 돌아보고 그만 소금기둥이 되어버리고, 두 딸은 아버지와 관계하여 모압(아버지로부터)과 벤아미(내 근친의 아들), 두 종족의 조상이 된다.

이렇게 근친상간에 대한 문제가 있었으므로 다음과 같이 경계하였다.
① 네 어미와 성교하지 말라. 〈레위기 17:7〉

② 계모와 성교하지 말라. 〈레위기 18:8, 20:11〉

③ 자매와 성교하지 말라. 〈레위기 18:9, 20:17〉

④ 손녀와 외손녀와 성교하지 말라. 〈레위기 18:10〉

⑤ 네 이모와 고모와 성교하지 말라. 〈레위기 18:12-13, 20:19〉

⑥ 네 숙모와 백모와 성교하지 말라. 〈레위기 18:14, 20:20〉

⑦ 시아버지와 며느리와 성교하지 말라. 〈레위기 18:15, 20:12〉

⑧ 네 형제의 아내와 성교하지 말라. 〈레위기 18:16, 20:21〉

⑨ 아내의 어머니와 성교하지 말라. 〈레위기 18:17, 20:14〉

⑩ 아내의 자매와 성교하지 말라. 〈레위기 18:18〉

⑪ 남자끼리 성교하지 말라. 〈레위기 18:22, 20:13〉

⑫ 여자끼리 성교하지 말라. 〈레위기 18:22, 20:13〉

⑬ 짐승과 성교하지 말라. 〈레위기 18:23, 20:15-16〉

⑭ 사제의 딸과 간음하지 말라. 〈레위기 21:16-23〉

히브리족들은 원래 유목민이라 어려서부터 짐승들을 기르면서 짐승들이 성교하는 광경을 많이 보아왔기 때문에 남녀간에 이를 흉내내어 일찍부터 자연스럽게 이성에 눈을 떴다고 한다.

(5) 희생제와 수간(獸姦)

희생제는 신과 인간과의 관계에서 죄의 소멸과 약속을 지키기 위해 자기의 생명과 귀한 재물을 신에게 바쳤는데, 예수님의 십자가 희생, 아브라함의 이삭 번제, 입다의 외동딸 인신공희가 대표적이다. 그런데 출애급기에서는,

"애급에서 처음 난 것은 사람이고 짐승이고 다 바치라."

〈출애급기 11:5-7〉

하여 바로(파라오)의 큰아들로부터 맷돌 위에 앉아있는 여종의 장자에 이르기까지 모두 잡아 죽였으며, 심지어 유행병(흑사병)이 돌 때는 같은 또래의 아이들을 잡아 불태워 죽였다.

미리암의 처녀들, 17세기에는 종교재판과 성적거부를 한 여인들, 3만5천 명을 마녀라는 이름으로 화형시켰고, 태아까지도 죽였으며(1556. 7. 18) 잔다크처럼 기둥나무에 묶어 죽이기도 하고, 독일인처럼 가스·화형 등을 사용하는 경우도 있었다.

신명기에는 자식의 살을 먹고 애들을 태워 먹기도 하고, 각자의 살과 피를 먹으라 하기도 하고, 친구·자녀·백성들의 가죽을 벗겨 뼈를 다져 희생하라 한 곳도 있다.

〈예레미야, 에스겔, 미가, 이사야, 열왕기, 신명기〉

짐승과 관계하는 풍습은 일찍이 유목민들에게서 시작되었다. 어려서부터 짐승들을 기르면서 자연스럽게 보아왔기 때문이다.

사막지대 사람들은 낙타와 관계를 많이 하였고, 산에 풀을 뜯기는 사람들은 염소·양·사슴·암소와 관계하고, 여자들은 황소와 개·염소 등과 많이 관계하였다.

그런데 짐승들은 이렇게 한 번 관계를 갖고 나면 그 곁을 떠나지 않고 종종 냄새를 풍기며 가까이 와서 애무하기도 하고, 정액을 쏟아 상대방을 흥분시키기도 하였다.

미켈란젤로의 그림 가운데는 백조가 부리를 여자의 입술에 대고 꼬리를 밀어 넣는 장면이 나오고, 그 밑의 붉은 깔개는 여자의 부드러운 음부를 상징하여 보는 사람의 마음을 은근히 흥분시키고 있다.

크레타섬의 미노스왕은 바다의 신 포세이돈에게 흰 옷을 제물로 바치지 않아 미노스왕비 파시파에게 진짜 사랑의 맛을 보게 하기 위하여 명장 다이달라스로 하여금 나무로 암소를 만들게 하여 그 속에 여인을 집어넣고 황소를 끌어들여 관계를 갖게 하였는데, 거기서 황소머리에 사람몸통을 한 사람이 태어나 아테네의 소년 소녀들을 잡아먹었으므로 영웅 테세우스가 실타래를 가지고 들어가 미노타우로스를 꺼냈다는 전설이 있은 뒤로 수간은 반신반수를 생산하는 수단이 된다 하여 금지하였던 것이다.

사실은 아담도 이브와 관계하기 전에는 수간하였다고 한다.

"아담이 에덴동산에 있을 때 짐승들과 성관계를 하였다. 그러나 이브와 관계를 갖고 나서 비로소 만족감을 느꼈다."

〈탈무드 63:13〉

(6) 월경의 금기사상

월경은 새 생명의 터전이므로 신성한 과정으로 생각한다. 그러므로 에스키모 사람들은 소녀가 초경을 하면 말린 이끼로 만든 월경대를 입히고 극진히 대우하였다.

메소포타미아에서는 어머니신 닌후르사구가 진흙에 생명의 피를 섞어 최초의 인간 아담아(피 섞인 진흙)를 만들었다 하였다. 이것이 구약 창세기에 그대로 옮겨졌다. 수메르 창조설화 서사시에도 대모신 닌마가 진흙에 피를 섞어 사람을 만들었다고 하였다.

바빌로니아에서는 달의 신을 이쉬타르, 그리스 로마에서는 셀레네, 루나 주노라 부르고 초승달을 처녀신 아르테미스 다이애나라 부르는데, 이 동정녀신이 나중에 동정녀 마리아가 된다. 신화에서 달은 월경과 관계있기 때문이다.

그런데 히브리민족은 여자의 월경을 불순한 것으로 생각하여 그 사람이 앉은 자리나 그 사람과 접촉하는 것을 죄악시하였다.
"피가 나올 때 여인은 일주일 동안 무엇이고 만지면 안된다. 그가 누웠던 자리도 앉았던 자리, 침상을 만지는 자는 그 옷을 빨고 물로 몸을 씻으라. 누구든지 그 여인과 동침하여 그의 불결함이 전염되면 안된다. 피가 그친 뒤에도 7일 동안은 가까이 하지 말라."

〈레위기 15:19-28〉

그래서 중세 기독교에서는 월경중인 여인들에게는 교회에 들어가지 못하게 하였고, 여자는 종교지도자가 될 수 없다고 하였다.
그러나 코란에서도 "알라 하나님이 흐르는 피에서 인류를 창조하였다" 하였는데, 그 여신이 곧 '알랏'이라 하였다.

그래서 아프로디테가 만든 불로장수의 영약은 꿀과 월경혈을 섞어 만들었다. 부활절 계란은 원래 빨간색으로 여성의 자궁을 상징했는데, 성경에서는 죄악으로 생각하여 월경하는 여자는 비둘기 두 마리를 사서 회막 문앞의 제사장에게 주어 한 마리는 속죄제로 한 마리는 번제로 지내게 하라 하였다.

〈레위기 15:29 - 30〉

생물을 제물로 바칠 때는 그 주인공이 희생물의 목을 꼭 누르고 있으면서 자기의 죄를 고백하면 제사장이 칼로 목을 따 그 피를 토기에 받아 제단 모서리에 뿌리고 지방과 간, 콩팥 등은 태워 신에게 올린다.

"월경 중의 여인과 동침하면 월경의 독성 때문에 아이가 병약하고 사산될 염려가 있다."

또 클레멘스 오리겐은

"곱추가 되고 간질병환자, 절름발이로 태어난다."

하고, 제롬성인은

"월경은 신의 저주다."

하였다. 또 이사돌 책에는

"월경혈에 접촉하면 씨앗은 발아되지 않고, 꽃과 풀은 시들고, 철은 녹슬고 변색하며, 개에게 먹이면 광견병에 걸린다."

하였다. 신학자 토마스 아퀴나스도

"월경 중인 여성과 성교하면 불구자가 된다."

하였는데, 과학자들하고는 정반대다.

16세기 루터나 예수회의 산체스는 성경의 이 같은 말을 증거가 불충분하다 하여 재판을 받은 일까지 있다.

"성숙한 자궁에서 난세포가 생성되면 수정란의 착상과 배아의 필요한 영양소 비축을 위해 자궁점막이 두꺼워진다. 그러나 수정이 일어나지 않으면 두꺼워진 자궁점막이 불필요하기 때문에 떨어져 나오면서 출혈이 생긴다. 이러한 생리적 현상은 배란 14일 후에 일어나 3~4일간 지속되다가 약 한 달을 주기로 배출되기 때문에 월경이라 부르는 것이다."

그런데도 기독교인들은

"월경 중인 여성을 배나 차에 태우면 난파 고장이 난다."

하고,

"양조장에 들어가면 술이 쉰다."

하여 출입을 금했다. 이것이 기독교의 미신이고 우상이다.

기원전 2500년전에 이집트 사람들이 사용하던 해면월경대나 1800년전 독일과 노르웨이에서 사용하던 면으로 만든 월경대를 귀신처럼 무서워했고, 빨간색만 보면 죄악시하여 눈을 가렸으니 말이다.

네 번째는 예수의 종교관에 대한 이슬람들의 반발이 상당하다. 특히 불교와 신약성서와 관계에서는 무서운 공격을 퍼붓고 있다.

불교와 신약성서

1. 치병(治病) 이야기

"이때 시몬의 장모가 열병으로 앓아누워 있었다. 사람들은 즉시 이 사실을 예수께 말씀드렸다. 그래서 예수께서 그 여인에 다가가서 손을 잡고 일으켰다. 그러자 그 즉시 시몬 장모의 열이 떨어졌다. 곧바로 그 여인은 그들을 시중들기 시작했다."

〈마가복음 1:30–31〉

"'비록 실수가 있었더라도 원컨대 그 허물을 뉘우쳐 참회하오니 받아주소서.'

그러자 부처님은 바라문에게 말씀하였다.

'마땅히 너의 수명을 연장시키고… 너의 제자의 백라병을 낫도록 해주리라.'

부처님의 말씀이 끝나자마자 곧 그 제자의 백라병이 나았다."

〈한글대장경 제1책 장아함경 320쪽 18째줄〉

"그때 네 사람이 한 중풍환자를 예수께 데리고 왔다. 그러나 사람들이 너무 많아 예수께 가까이 갈 수가 없었다. …지붕을 뚫어 구멍을 내고 중풍환자를 자리에 눕힌 채 달아 내렸다. 예수께서는 그들의 믿음을 보시고 중풍환자에게 말씀하셨다.

'애야, 네 죄가 용서 받았다. …일어나 네 자리를 들고 집으로 가거라.'"

<마가복음 2:3-11>

"부처님께서 이 법을 말씀하시자 아슈바짓은 어떤 번뇌도 일으키지 않고 마음의 해탈을 얻게 되어 뛰면서 기뻐하였다. 뛰면서 기뻐하였기 때문에 몸의 병은 곧 나았다."

<한글대장경 제7책 장아함경 3권 70쪽 14째줄>

2. 물 위로 걷는 신통

"예수께서 물 위로 걸어오는 것을 본 제자들은 유령인줄 알고 소리를 질렀다. 그러자 곧 예수께서 그들에게 말씀하셨다.

'안심하라 나다 두려워하지 말라.'

그리고 예수께서 제자들이 탄 배에 오르시자 바람이 잔잔해졌다. 제자들은 몹시 놀랐다."

<마가복음 6:48-51>

"까샤파(가섭)와 그의 5백 제자들은 강가로 나갔다. 그때 석가세존께서는 물 위로 다니시는데 발이 물에 젖지 않으셨다. 까샤파는 그것을 보고 생각하였다.

'참으로 놀라운 일이다. 사문은 물 위로 다니는구나. 나도 물 위로 다닐 수 있다. 다만 발이 물에 젖지 않게 하지 못할 뿐이다. 그러니 사문께 저는 참회하나이다. 이 참회를 받아주소서.'

그리고 자기 오백 제자들에게 말하였다.

'너희들은 제각기 좋을 대로 하라. 나는 지금 사문 고타마에게 귀의하리라.'

그때 오백 제자들은 말하였다.

'우리들은 벌써부터 사문 고타마에게 마음이 있었습니다.'"

〈한글대장경 제9책 중아함경 1권 286쪽 33째줄〉

베드로가 대답했다.

"주여 정말로 주이시면 제게 물 위로 걸어오라고 하십시오."

그러자 예수께서 '오너라' 하고 말씀하셨다. 그러자 베드로가 배에서 내려 물 위로 걸어 예수께로 향했다. 그러나 베드로는 바람을 보자 겁이 났다. 그리고는 물 속으로 가라앉기 시작하자 베드로가 소리쳤다.

'주여 살려주십시오.'

예수께서 곧 손을 내밀어 그를 붙잡으시며 말씀하셨다.

"믿음이 적은 사람아, 왜 의심했느냐?"

그리고 그들이 함께 배에 오르자 바람이 잔잔해졌다. 그때 배에 있던 사람들이 예수께 경배 드리며 말했다.

"참으로 하나님의 아들입니다."

〈마태복음 14:28-33〉

"굳은 신앙심이 있고 청정한 마음을 가진 부처님의 제자인 신자는 어느 날 기원정사로 가는 도중 저녁 때에 아치라바티

강에 이르렀다. 그러나 사공은 부처님 설법을 듣기 위해 배를 언덕에 끌어올려 두었기 때문에 선창에는 배가 보이지 않았다. 그는 부처님에 대해 기뻐하는 마음을 일으켜 강을 건너갔으나 두 발이 물에 빠지지 않았다. 그는 육지로 가는 것처럼 가다가 강 복판에 이르렀을 때 물결이 보였다. 그때 그가 부처님에 대한 환희심이 약해지자 동시에 두 발이 물에 빠졌다. 그는 다시 부처님에 대한 환희심을 굳게 하고 물 위를 걸어 기원정사로 들어갔다. 그는 부처님께 예배하고 한쪽에 앉았다."

〈한글대장경 제92책 본생경 2권 90쪽 15째줄〉

3. 농경(農耕)의 비유

"그가 씨를 뿌리는데 어떤 씨는 길가에 떨어져 새들이 와서 모두 쪼아 먹었다. 또 어떤 씨는 흙이 많지 않은 돌밭에 떨어져 흙이 얕아 싹이 나왔으나 해가 뜨자 그 싹은 곧 시들어 버리고 뿌리가 없이 말라 버렸다.

또 다른 씨는 가시덤불에 떨어졌는데 가시덤불이 무성해져 싹이 나는 것을 막아 버렸다.

그러나 어떤 씨는 좋은 땅에 떨어져 100배 60배 30배 열매를 맺었다."

〈마태복음 13:1-8〉

"또 자갈돌 많은 메마른 땅에는 가시넝쿨이 많이 나서 거기에는 씨를 뿌려도 반드시 얻는 것이 없는 것과 같다. …(21째줄)… 그러나 만일 그대가 크게 보시를 행하고 공덕을 지어 중생을 해치지 않으면 그것은 마치 좋은 밭에는 언제나 종자를 뿌려도 그 열매를 얻는 것과 같으니라."

〈한글대장경 제1책 장아함경 177쪽 17째줄〉

"저 농부가 땅을 잘 다루고 잡초를 없앤 뒤에 좋은 종자를 밭에 뿌리면 거기서 얻은 수확은 한량이 없지마는…… 〈반대로〉 농부가 땅을 잘 다루지 않고 잡초를 없애지 않고 종자를 뿌리면 그 수확은 말할 것도 못되는 것 같소."

〈한글대장경 제10책 증일아함경 2권 513쪽 12째줄〉

"종들이 주인에게 와서 말했다.
'주인님께서는 밭에 좋은 씨를 뿌리지 않으셨습니까? 그런데 도대체 저 가라지가 어디에서 생겼습니까?'
'원수가 한 짓이다.'
'저희가 가서 가라지를 뽑아 버릴까요?'
'아니다. 가라지를 뽑다가 밑까지 뽑을 수 없으니 추수할 때까지 둘 다 함께 자라도록 내버려 두어라. 추수 때 내가 일꾼들에게 먼저 가라지를 모아 내 곳간에 거두어 들이라고 하겠다.'"
예수께선 또 다른 비유를 들어 말씀하셨다.
"하늘나라는 사람이 자기 밭에 가져다가 심어놓은 겨자씨와 같다. 겨자씨는 모든 씨앗들 가운데 가장 작은 씨앗이지만……"

〈마태복음 13:27-33〉

"모옥갈라아나(목건련)야, 마치 거사가 좋은 벼논이나 보리

밭이 있는데 가라지라는 풀이 거기 나는 것과 같다. 그 뿌리도 비슷하고 줄기·마디·잎·꽃도 또한 비슷하지마는 뒤에 열매를 맺었을 때 거사는,

'이것은 보리의 더러움, 보리의 욕이며, 보리의 미움이요, 보리의 기롱이다.'

생각하고 곧 뽑아서 밭 밖에다 버린다. 왜냐하면 다른 진정하고 좋은 보리를 더럽히지 않게 하기 위해서이니라."

〈한글대장경 제3책 중아함경 2권 185쪽 12째줄〉

4. 떡과 비유

'"여기 한 소년이 보리빵 다섯 개와 물고기 두 마리를 가지고 있으나 이렇게 많은 사람들에게 그게 얼마나 소용이 있겠습니까?'

예수께서 말씀하셨다.

'사람들을 모두 앉히라.'

넓은 풀밭에 남자들이 둘러앉으니 5천명쯤 됐다. 예수께서는 빵을 들고 감사기도를 드리신 후 앉아있는 사람들에게 원하는 만큼씩 나눠주셨다. 물고기를 가지고도 똑같이 하셨다. 그들이 배불리 먹은 뒤에 예수께서 제자들에게 말씀하셨다.

'남은 것은 하나도 버리지 말고 모아두라.'

그리하여 그들이 남은 것을 모아 보니 보리빵 다섯 개로 먹고 남은 것이 12바구니에 가득 찼다. 사람들은 예수께서 행하신 표적을 보고 말했다.

'이 분은 이 세상에 오신다던 그 예언자가 틀림없다.'"

〈요한복음 6:9-14〉

"이 늙은 여인 난다는 거부 바드리카 장자의 누이이옵니다. 인색하고 탐욕이 많아 혼자 먹으면서 남에게 떡 하나 주기를 싫어합니다. 원컨대 세존께서는 그를 위해 독실히 믿을 수 있는 법문을 깨우쳐 주소서."

세존께서는 난다 여인에게 말씀하셨다.

"'너는 지금 이 작은 한 개의 떡을 여래와 비구중에게 나누어주어라.'

난다는 그것을 여래와 비구중에 바쳤다. 그래도 떡은 남았다. 난다는 사뢰었다.

'아직 떡이 남았나이다.'

'부처님과 비구중에게 다시 나눠주어라.'

난다는 부처님 분부 받고 다시 그 떡을 부처님과 비구중에게 돌렸다. 그래도 떡은 남았다.

'너는 이 떡을 비구니·우바새·우바이에게 주어라.'

그런데 여전히 떡은 남았다.

'너는 이 떡을 가져다 가난한 이웃들에게 나누어주어라.'"

〈한글대장경 제9책 증일아함경 1권 382쪽 30째줄〉

"예수께서는 사람들에게 이 모든 것을 비유로 말씀하시고 예언자에게도 말하였다.

'내가 입을 열어 비유로 말할 것이다. 세상이 창조된 이래로 감추어진 것들을 말할 것이다.'"

〈마태복음 13:34-35〉

"모든 지혜 있는 사람은 비유로써 깨달음을 얻는다. 나도 이제 그대를 위해 비유를 끌어와 그것을 깨닫게 하리라."

〈한글대장경 제1책 장아함경 163쪽 18째줄〉

"비구들이여, 내가 이 비유를 말하는 것은 그 뜻을 알리고자 하여서이다."

〈한글대장경 제3책 중아함경 2권 303쪽 12째줄〉

5. 악마 이야기

"'당신이 하나님의 아들이라면 이 돌들에게 빵이 되라고 해 보시오.'

예수께서 마귀에게 대답하셨다.

'성경에 기록됐다. 사람이 빵으로만 사는 것이 아니라 하나님의 입에서 나온 말씀으로 산다.'

그러자 마귀는 예수를 거룩한 성으로 데리고 가서 성전 꼭대기에 세우고 말했다.

'당신이 하나님의 아들이라면 뛰어내려 보시오. 그러면 천사들이 손으로 너를 붙잡아 네 발이 돌에 부딪히지 않도록 할 것이다.'

'주 네 하나님을 시험하지 말라.'

'당신이 만약 내게 엎드려 경배하면 이 모든 것을 당신에게 주겠소.'

'사탄아 내게서 물러가라. 주 하나님께 경배하고 오직 그분만을 섬기라.'

그러자 마귀는 하나님을 떠나갔다. 천사들이 와서 하나님을 섬겼다."

〈마태복음 4:3-11〉

"부처님께서는 나란자나 강가의 보리수 아래서 도를 이루시었다. 때에 악마 빠삐만이 '내 저를 교란시키리라' 생각하고 그 앞에 서서 말했다.

'나라와 재물을 이미 버리고 여기서 다시 무엇을 구하는가?'

'이미 큰 재물의 이익을 얻어 마음이 만족하고 편하고 고요하다. 모든 악마를 무찔러 항복 받고 어떠한 욕망에도 집착하지 않노라.'

그때 악마가 아름다운 딸들로 변하여 말했다.

'저희들은 지금 세존님의 발 앞에 귀의하옵나니 모시게 하옵소서.'

'모든 법을 밝게 깨달아 어지러운 온갖 생각 일으키지 않고 탐애와 성냄과 어리석은 장애도 여의었노라.'

악마는 탄식하고 사라져 버렸다."

〈한글대장경 제7책 장아함경 3권 147쪽 첫째줄〉

"그러나 나는 너희에게 말한다.

악에 맞서지 말라 누가 네 오른뺨을 치거든 왼뺨마저 돌려대어라. 누가 너를 고소하고 속옷을 가지려 하거든 겉옷까지도 벗어주어라……. 원수를 사랑하고 핍박하는 사람을 위해 기도하라."

〈마태복음 5:39-44〉

"만일 남이 주먹으로 치거나 돌을 던지고 몽둥이로 때리거나 또는 칼로 벨 때에는 마음이 변하지 않고 입에는 나쁜 말이 없어서 그 때린 사람을 위해 사랑하고 가엾이 여기는 마음을 일으켜야 한다."

〈한글대장경 제4책 중아함경 3권 208쪽 41째줄〉

6. 예언자들의 이야기

"헤롯왕 때 유대의 베들레헴에서 예수께서 태어나시자 동방에서 박사들이 예루살렘에 찾아와 물었다.

'유대사람의 왕으로 나신 분이 어디 계십니까? 우리는 동방에서 예수의 별을 보고 경배드리려고 왔습니다.'

헤롯왕은 이 말을 듣고 심기가 불편했다. 예루살렘도 온통 떠들썩했다. 헤롯왕이 백성의 대제사장들과 율법학자들을 모두 불러 그리스도가 어디에서 태어날 것인지 캐물으니 대답했다.

'유대의 베들레헴입니다. 예언자가 성경에 이렇게 기록했기 때문입니다.'

'그러나 너 유대의 땅 베들레헴아, 너는 유대의 통치자들 가운데 가장 작지 않구나. 네게서 통치자가 나와 내 백성 이스라엘의 목자가 될 것이다.'

그때 헤롯왕은 몰래 박사들을 불러 별이 나타난 정확한 시간을 알아냈다……"

〈마태복음 2:1-7〉

"킹하시라(아시타)라는 머리를 묶은 선인은 머리 위에 흰

양산을 바치고 붉은 융단 속에 있는 황금패물 같은 어린 아이를 보고 기뻐서 가슴에 안았다.

관상과 베다에 정통한 그는 석가족의 …… 어린 아이를 껴안고 그 독특한 용모를 살펴보더니 기쁨을 참지 못하여 환성을 질렀다.

'이 어린이는 위없는 사람, 인간 중에 가장 높으신 분이다.'

하고 선인은 자기의 얼마 남지 않은 앞날을 생각하고 말없이 눈물을 흘리었다.

'왜 눈물을 흘리는가?'

'내 여생은 얼마 남지 않았기 때문입니다.'"

〈팔리어 경장 소부 수타니파타〉

"그 후 여섯 달째에 하나님께서 천사 가브리엘을 갈릴리 나사렛 마을에 한 처녀에게 가게 하였는데, 그 처녀는 다윗 가문에 속한 요셉이라는 남자와 약혼한 마리아였다. 천사가 마리아에게 가서 말했다.

'기뻐하여라. 은혜를 입은 자여, 주께서 너와 함께 하신다.'

천사의 말에 마리아는 당황하며 깜짝 놀라 이게 무슨 인사인가 하고 생각했다. 그러자 천사가 말했다.

'두려워 말라. 네가 하나님의 은혜를 받았다. 보아라. 네가 잉태해 아들을 낳을 것이다. 그러면 그 이름을 예수라 하여라. 그는 위대한 이가 될 것이요, ……성령이 네게 임하실 것이며, 지극히 높으신 분의 능력이 너를 감싸주실 것이다. 그러므로 태어날 거룩한 아기는 하나님의 아들이라 불릴 것이다.'"

〈누가복음 1:26 - 35〉

※ 장차 성불하리라는 보광여래의 수기를 받은 선혜보살(장차 석가모니불)은 하늘나라 도솔천궁에서 선언한다.

"선남자들이여, 알아야 한다. 모든 행(行)은 모두 다 무상한지라 나도 이 하늘궁전을 버리고 떠나 잠부드비아파에 태어날 것이다. …(31쪽 5째줄)… 그대들은 알아야 한다. 지금이야말로 바로 중생을 제도해 해탈할 때이므로 나는 내려가서 잠부드비아파의 카필라국 감자후손 샤이카 성바지인 백정왕의 집에 태어나야 하겠다. 나는 거기에서 태어나 부모를 멀리 떠나 처자와 왕위를 버리고서 출가하여 도를 배우며 고행을 닦아 악마를 항복 받고 일체종지를 이룩하여 법륜을 굴리리니 ……."

〈한글대장경 제156책 과거현재 인과경 29쪽 31째줄〉

7. 동정녀 이야기와 총명예지한 성자들

"'처녀가 잉태해 아들을 낳을 것이오, 그를 임마누엘이라 부를 것이다.'

임마누엘이란 하나님께서 우리와 함께 하신다는 뜻이다. 잠에서 깨어난 요셉은 주의 천사가 명한 대로 마리아를 아내로 맞아들였다.

그러나 요셉은 아들 낳을 때까지 마리아와 잠자리를 같이하지 않았다."

〈마태복음 1:23-25〉

"만약 그 어머니 꿈에 흰 코끼리가 오른 옆구리로 들어오면 그가 낳은 아들이야말로 삼계에서 더없이 높은 어른이 된다네. …(89쪽 28째줄)… 보살이 도솔천에서 생각을 바로 하고 정반왕궁에 하강하여 부인의 오른쪽 옆구리로 태에 들어가자 …91쪽 39째줄)… 왕비는 남편의 곁에서도 오히려 싫어하여 음욕을 행하지 아니 하였다."

〈한글대장경 제15책 불본행집경 1권 88쪽 12째줄〉

"아이는 점점 자라가며 강해지고 지혜가 충만했으며, 하나님의 은혜가 그 위에 있었다. …(47절)… 예수의 말을 듣는 사람들마다 그가 깨닫고 대답하는 것에 몹시 감탄했다."

〈누가복음 2:40, 47〉

"그때 백정왕(정반왕)은 이 말을 듣고 마음으로 크게 기뻐하면서 생각하기를, '내 아들이 총명하여 글과 의론이며 산수 등을 사방에서 모두 알거니와 그 활쏘기 재주만은 시방의 인민들이 아직 모르는 이들이 있다.'

즉시 태자와 데바달다 등 500 동자들에게 칙명하여 경쟁케 하리라."

8. 왕중왕 성중성

"헤롯왕 때 유대의 베들레헴에서 하나님께서 태어나시자 동방에서 박사들이 예루살렘에 찾아와 물었다.

'유대 사람의 왕으로 나신 분이 어디에 계신가. 우리는 동방에서 예수의 별을 보고 경배 드리려고 왔다.'"

〈마태복음 2:1 - 2〉

"빌라도(로마 총독)가 말했다.
'그러면 네가 왕이란 말이냐?'
하나님서 대답하셨다.
'그대 말대로 나는 왕이다.'"

〈요한복음 18장 37절〉

"파세나디국왕은 수레에서 내려와 칼·일산·화만·진주·총체 등 일체 장식품을 다 벗어 장자(비서)에게 주고 앞에 나아가 그 발에 머리를 조아려 예배하고,
'나는 코살라국왕 파세나디입니다.'
이렇게 3번 성명을 아뢰었다.
'그렇소. 대왕이여, 내게 무슨 도리가 있다고 스스로 마음을 낮추어 예배하고 공양하며 섬기시오.'
'세존이시여! 나는 부처님에게서 법의 고요함이 있음을 보았나이다. ……나는 코살라국왕이지만 세존께서는 진리의 왕이십니다. 내 나이 80이요, 세존의 나이도 80이시군요……'"

〈한글대장경 제4책 중아함경 3권 380쪽 6째줄〉

※ 석가모니 부처님 당시에 인도는 13개 국가로 나누어져 있었다. 부처님께서 일년 4계절을 기후 따라 이 나라 저 나라 옮겨 다니시며 수행하시었다. 부처님이 자기 나라에 오시면 왕들은 와서 문안드리고 진리를 묻고 때론 정사를 물었다. 어떤 때는 7개국 왕들이 함께 모여 찾아와 문안드리

고 법의 이치를 물었다.

"아브라함의 자손이며 다윗의 자손인 하나님 그리스도의 족보입니다. 아브라함은 이삭을 낳고 이삭은 야곱을 낳고 야곱은 유다와 그 형제들을 낳고 유다는 다말에게서 베레스와 세라를 낳고 베레스는 헤스론을 낳고 헤스론은 람을 낳고 람은 아미나답을 낳고 아미나답은 나손을 낳고 나손은 살몬을 낳고 살몬은 라합에게서 보아스를 낳고 보아스는 룻에게서 오벳을 낳고 오벳은 이새를 낳고 이새는 다윗왕을 낳았다. 다윗은 원래 우리야의 아내였던 여인에게서 솔로몬을 낳고 솔로몬은 르호보암을 낳고 르호보암은 아비야를 낳고 아비야는 아사를 낳고 아사는 여호사밧을 낳고…… 야곱은 마리아의 남편 요셉을 낳았고 마리아에게서 그리스도라 하는 예수께서 태어났다."

〈마태복음 1:1-16〉

"이와 같이 뭇 여러 왕들에게는 아들이 있었으니 이름이 애왕이었고 애왕에게는 아들은 선우왕이요, 선우왕의 아들은 최상왕이요, 최상왕의 아들은 계행왕이요, 계행왕의 아들은 정생왕이다. ……니로왕・오파니로왕・실리로왕・노즐왕・소로즐왕・모즐왕・모즐린나왕・아아왕・아의라타왕 …(178쪽 11째줄)… 이렇게 하여 자손들이 서로 계승하면서 100의 왕이 있었다. …(167쪽 35째줄)… 그때 성하하노왕은 넷의 아들을 낳았는데 첫째 분의 이름이 정반왕이요 ……정반왕에게 두 아들이 있었는데 첫째 분의 이름이 싯다르타(석가모니 부처님)요, 둘째 분의 이름이 난타였다."

〈한글대장경 제156책 과거현재 인과경 153쪽 27째줄〉

9. 아버지 부처님과 하나님

"내가 하늘나라에서 온 것은 내 뜻이 아니라 나를 보내신 하나님의 뜻을 이루려는 것이다. …… 내 아버지의 뜻은 아들을 보고 믿는 사람마다 영생을 얻게 하려는 것이니 내가 마지막 날에 그들을 다시 살릴 것이다."

〈요한복음 6:38 - 40〉

"육사외도가 아난다에게 물었다.
'부처님이란 바로 누구시오?'
'일체지를 지니신 분이십니다.'
'일체지를 지닌 분은 바로 누구시오?'
'크게 인자함과 가엾이 여김을 지닌 일체 중생의 아버지이십니다. …(36째줄)… 혼자 깨치시어 부처님을 이루셨고 열 가지 힘과 네 가지 두려움이 없는 마음과 열여덟 가지 특수한 법과 내지 일체 종지를 갖추셨습니다.'"

〈한글대장경 제156책 과거현재인과경(대방편 불보은경) 428쪽 7째줄〉

10. 관정식과 세례식

"예수께서 세례를 받으시고 물에서 올라오셨다. 그때 예수께서는 하늘이 열리고 하나님의 영이 비둘기처럼 자신에게 내려오는 것을 보셨다. 그리고 하늘에서 소리가 들렸다.
'이는 내 사랑하는 아들이다. 내가 그를 매우 기뻐한다.'"

〈마태복음 3:16 - 17〉

"칠보의 그릇에서 사해의 물을 담아서 여러 신선들이 저마다 정수리에 물을 이어다가 …(6째줄)… 왕에게 전하여 주었으므로 때에 왕은 곧 태자의 정수리를 물로 씻고 칠보의 도장을 맡기면서 또 큰 북을 치며 높은 소리로 부르짖기를,

'지금 살바싯다르타를 세워서 태자로 삼았노라.'

하였다. 그때 허공에서 하늘·용·야차들이 풍악을 잡히면서 찬탄하였다.

'거룩하십니다. 거룩하십니다.'"

〈한글대장경 제156책 과거현재 인과경 50쪽 3째줄〉

11. 미륵 부처님의 탄생설화와 예수 탄생 이야기

"동방 박사들이 떠난 후 주의 천사가 요셉의 꿈에 나타나 말했다.

'일어나거라! 어서 아기와 그 어머니를 데리고 이집트로 피신하여라. 헤롯이 아기를 죽이려고 찾고 있으니 내가 말해줄 때까지 거기에 머물러 있으라.'

그래서 요셉이 일어나 아기와 그 어머니를 데리고 한밤중에 이집트로 떠났다. 그리고 헤롯이 죽을 때까지 그곳에 살았다. 이것은 주께서 예언자를 통해 하신 말씀을 이루신 것이다.

'내가 이집트에서 내 아들을 불러냈다.'

헤롯은 박사들에게 속은 것을 알고 분이 치밀었다. 그래서 그는 박사들에게 알아냈던 시간을 기준으로 베들레헴과 그 부근에 살고 있는 두 살 이하의 사내아이들을 모두 죽이라고 명령했다.

이로써 예언자 예레미야를 통해 하신 말씀이 이루어졌다."

〈마태복음 2:13-18〉

"그때 바라나국의 왕은 이름을 브라흐마닷타라 하였다. 그 왕의 재상이 아들을 낳았는데, 서른두 가지 거룩한 모습과 온갖 좋은 모양을 모두 갖추었으며, 몸은 붉은 금빛이요, 얼굴은 빼어났었다. 재상은 아들을 보고 더욱 기뻐하여 곧 관상장이를 불러 그 상을 점치게 하였다.

관상장이는 자세히 살펴보고 찬탄하였다.

'기이합니다. 온갖 좋은 상이 모두 원만합니다. 공덕을 두루 갖추었으며 지혜와 변재를 통달하여 사람 가운데서 뛰어날 것입니다.'…(310쪽 5째줄)…

하고, 이내 이름을 지어 '미륵'이라 하였다. ……그 아이의 뛰어난 이름은 온 나라에 퍼졌다. 왕은 그 말을 듣고 두려움을 품고 생각하였다.

'그 어린애의 아름다운 이름과 상은 높이 드러났다. 만일 높은 덕이 있으면 반드시 내 자리를 빼앗을 것이다. 아직 자라기 전에 미리 제거해 버려야겠다. 오래 두면 반드시 화가 될 것이다.'

이렇게 계획하고 곧 재상에게 분부하였다.

'들으니 그대에게 아들이 있는데 그 상이 특별하다 하오. 그대는 데리고 오시오, 나도 보고 싶소.'

그때 재상은 그 아들을 사랑하고 가엾이 여겨 왕의 해를 입을까 두려워하였다. 그래서 가만히 꾀를 내어 사람을 시켜 아이를 코끼리에 태워 외조부(파바라라)에게 보내…길렀다. 아이가 자라나자 공부를 시키매 하루 배운 것이 다른 아이의 1년 배운 것보다 나았으니, 공부한 지 1년이 못 되어 모든 경서에 두루 통달하였다.”

〈한글대장경 제18책 현우경 파바리품 309쪽 26째줄〉

※ 그 후 미륵은 석가모니 부처님 교단에서 수행한 후 미륵
　존자 또는 미륵보살이라는 칭호로 불리었다. 그리고 석가
　모니 부처님에게서 수기(예언)를 받았다.
　“너는 56억7천만년 후에 성불하여 이 사바세계에 출현하
　여 교화하는 부처님이 될 것이다.”
　예수의 애급 피난은 4복음서 중에 마태복음에서만 언급되
　어 있고 다른 복음서엔 기록이 없다.

12. 분노와 성냄

“그러나 나는 너희에게 말한다.
　형제에게 분노하는 사람도 심판을 받게 될 것이다. 또 형제
에게 ‘라가’라고 하는 사람도 공회에서 심문을 당할 것이다.
그리고 ‘너는 바보다’ 하는 사람은 누구든지 지옥불 속에 떨어
질 것이다.
　그러므로 네가 만약 제단에 예물을 드리다가 네 형제가 너
를 원망하고 있는 것이 생각나면 예물을 거기 제단 앞에 두
고 우선 가서 그 사람과 화해하고 돌아와 드려라.”

〈마태복음 5:22 – 24〉

“분노하고 성내면 법을 보지 못하고, 분해하고 성내면 도를
알지 못한다. …(11째줄)… 성내는 마음을 스스로 제어하기를 달

리는 마차를 멈추듯 하면 그는 훌륭히 어거하는 사람이라. 어
두움을 벗어나 밝음으로 들어가리라. 욕을 참는 것은 성냄을
이기고, 악함을 이기나니 욕을 참는 것은 가장 강한 것이다."

〈법구경 분노품 729〉

13. 탐욕의 경계

"또 네 눈이 너를 죄짓게 하거든 뽑아버려라. 두 눈을 가지
고 지옥에 던져지느니 한 눈만 가지고 하나님 나라에 들어가는
것이 더 낫다. 지옥은 벌레도 죽지 않고 불도 꺼지지 않는 곳
이다. …(9장 43절)… 네 손이 너를 죄짓게 하거든 잘라버려
라. 두 손을 가지고 영원히 꺼지지 않는 지옥불에 떨어지느니
성하지 않는 몸이 되더라도 생명에 들어가는 것이 더 낫다."

〈마가복음 9:43-47〉

"차라리 쇠 송곳을 불에 달구어 눈을 지질지언정 빛깔을 보
고 난삽한 생각을 일으키지 말라. 빛깔을 보고 난삽한 생각을
일으킨 비구는 의식에게 패한다. 비구로서 이미 의식에 패하면
반드시 지옥의 길로 나아가리라. …(28째줄)… 차라리 날카로운
송곳으로 그 귀를 찌를지언정 소리를 듣고 난삽한 생각을 일으
키지 말라. 난삽한 생각을 일으킨 비구는 의식에게 패하는 것
이다. 항상 깨어 있으면서 난삽한 생각을 일으키지 말라."

〈한글대장경 제10책 증일아함경 2권 476쪽 20째줄〉

14. 무소유의 생활과 비판

"예수께서 그들에게 말씀하셨다.

'내가 진실로 너희에게 말한다. 하나님 나라를 위해 집이나 아내나 형제나 부모나 자식을 버린 사람은 이 세상에서 여러 배로 받을 것이요, 또한 오는 세상에서 영생을 받을 것이다.'"

〈누가복음 18:29-30〉

※ 제석천왕이 하늘나라에서 지상의 승보(僧寶)를 찬탄하는 게송을 읊었다.

"세상에서 사랑하는 그것을 그들 마음속에선 모두 버리었나니 온갖 허물 멀리 떠난 이에게 나는 공경 예배하노라. …(84쪽 17째줄)… 그대 비구들은 집을 떠났고 …(83쪽 36째줄)… 칼과 무기 모두 버렸고 모든 쌓아 모으는 것을 멀리 하여 말 없는 성인의 법을 행하네."

〈한글대장경 제8책 별역잡아함경 84쪽 2째줄〉

"비판을 받지 아니 하려거든 비판하지 말라. 너희의 비판하는 그 비판으로 너희가 비판을 받을 것이요, 너희의 헤아리는 그 헤아림으로 너희가 헤아림을 받을 것이다."

〈마태복음 7:1-2〉

"그 나라의 풍속과 법을 따르고 옳거니 그르거니 말하지 말라. 이것이 분별무쟁경(分別無諍經)의 일이니라. …(51쪽 11째줄)… 이 두 가지 치우침을 떠나면 중도가 있어 눈이 되고 지

혜가 되어 자재로이 정(定)을 이루며 깨달음으로 나아가며,
열반으로 나아간다 함은 이 때문에 말하는 것이다."

〈한글대장경 제4책 중아함경 3권 50쪽 36째줄〉

15. 전도사 파견

"그 후 주께서 다른 70명도 세우시고 예수께서 친히 가려
고 하신 각 마을과 장소에 둘씩 짝지어 먼저 보내셨다. ……
이제 가라 내가 너희를 보내는 것이 마치 양들을 이리떼에게
로 보내는 것 같구나. 지갑도 가방도 신발도 가져가지 말고
가는 길에 아무에게도 인사하지 말라. 어느 집에라도 들어가
면 먼저 '이 집에 평화가 있기를 빕니다' 하고 말하라……."

〈누가복음 10:1-5〉

"그때 그 60비구들 분부를 받아 법을 널리 펴려고 제각기
그 과거 인연을 좇아 뜻대로 각방으로 흩어졌었네. 세존은 혼
자 걸어 노니시며 가야산에 이르러 비고 고요한 법 숲으로
들어가 그 까샤파 선인에게 나아가셨다."

〈한글대장경 제20책 법구경 외(불소행찬 4권) 477쪽 3째줄〉

"너희들은 할 일을 다 마친지라 세간을 위하여 으뜸가는 복
밭을 지을 만하니, 저마다 지방에 노닐면서 교화하되 자비심
으로써 중생을 제도하라."

〈한글대장경 제156책 과거현재인과경 115쪽 24째줄〉

16. 핍박받는 전도사

"오 예루살렘아! 예루살렘아! 네가 예언자들을 죽이고 네게 보낸 사람들을 돌로 치는구나. 암탉이 제 새끼들을 날개 아래에 품듯이 내가 얼마나 너희 자녀들을 모으려고 했더냐? 그러나 너희가 원하지 않았다!

보라! 이제 너희 집은 황폐한 채로 남을 것이다."

〈누가복음 13:34-35〉

※ 마왕 파순을 나무라는 목련존자의 말 중에서

"저 범지와 거사들은 정진하는 사문을 꾸짖고 쳐부수며 몽둥이로 치고 혹은 돌을 던지며 때렸다. 혹은 정진하는 사문의 머리를 다치고 혹은 옷을 찢으며 혹은 발우를 부수었다."

〈한글대장경 제3책 중아함경 2권 220쪽 22째줄〉

17. 소경이야기와 한 마리 양

"'그들을 내버려두라. 그들은 소경이 되어 소경을 인도하는 자로다. 만일 소경이 소경을 인도하면 둘이 다 구덩이에 빠지리라.'

하시니 베드로가 대답하여 가로되,

'이 비유를 우리에게 설명하여 주옵소서.'

예수께서 가라사대,

'너희도 아직까지 깨달음이 없느냐?'"

〈마태복음 15:14-16〉

"세존께서 말씀하셨다.

'마치 여러 장님이 서로 붙들고 가는데 앞에 있는 자는 뒤도 보지 못하고 또한 가운데도 보지 못하며, 가운데 있는 자도 앞도 보지 못하고 또한 뒤도 보지 못하며, 뒤에 있는 자는 가운데도 보지 못하는 것과 같으니. 마납아, 네가 말하는 모든 바라문교의 범지(승려) 무리들도 또한 그와 같다.'"

〈한글대장경 제3책 중아함경 2권 386쪽 15째줄〉

"그곳에는 한쪽 손이 오그라든 사람이 있었다. 그들은 예수를 고소할 구실을 찾으려고 물었다.

'안식일에 병을 고치는 것이 옳습니까?'

예수께서 말씀하셨다.

'만일 너희 중에 누군가 양 한 마리가 있는데 안식일에 그 양이 구덩이에 빠진다면 붙잡아 꺼내 주지 않겠느냐? 하물며 사람이 양보다 얼마나 더 귀하냐. 그러니 안식일에 선한 일을 하는 것이 옳다.'

그리고 나서 예수께서는 그 사람에게 말씀하셨다.

'네 손을 펴 보아라.'

그러나 그 사람이 손을 쭉 폈고 그 손은 다른 손처럼 회복되었다."

〈마태복음 12:10-13〉

"'어떻게 몸을 낮추어 이 병들어 여위고 더러운 비구의 몸을 씻어주나이까?'

'여래가 이 세상에 나온 까닭은 이와 같이 돌봐주는 이 없고 곤궁하고 재앙을 만난 사람들을 위해서이다. 병들고 약한 사문·도사나 빈궁하고 고독한 노인에게 공양하면 그 복은 한량이 없어 무엇이나 뜻대로 되느니라.'"

〈한글대장경 제20책 법구경 외(법구비유경) 191쪽 19째줄〉

18. 인과응보

"독사의 자식들아 너희는 악하니 어떻게 선한 말을 할 수 있겠느냐. 이는 마음에 가득한 것을 입으로 말함이라. 선한 사람은 그 쌓은 선에서 선한 것을 내고, 악한 사람은 그 쌓은 악에서 악한 것을 내느니라."

〈마태복음 12:34 – 35〉

"사람이 스스로 지어서 스스로 과보를 받나니 착한 일하면 착한 과보 받으며, 악한 일하면 악한 과보 받느니라. 비유컨대 종자를 심음에 있어 종자를 따라 그 과보 얻듯이 그대가 괴로움의 종자를 심으면 이후에는 도리어 저절로 받으리라."

〈한글대장경 제8책 별역잡아함경 88쪽 24째줄〉

19. 자리

"청함을 받은 사람들의 상좌 택함을 보시고 저희에게 비유로 말씀하여 가라사대, 네가 누구에게나 혼인잔치에 청함을 받았을 때 상좌에 앉지 말라. 그렇지 않으면 너보다 더 높은 사람이 청함을 받은 경우에 너와 저를 청한 자가 와서 너더러 이 사람에게 자리를 내어주라 하리니, 그때 네가 부끄러워 말석으로 가게 되리라……. 무릇 자기를 높이는 자가 낮아지고 자기를 낮추는 자는 높아지리라."

<누가복음 14:7-11>

"모든 비구들이 이미 안에 들어간 때 내가 제일 윗자리에 제일 먼저 앉고 제일 먼저 물을 받으며 제일 먼저 밥을 받는다. 그렇게 함으로 말미암아 곧 악한 마음이 생긴다. 만일 그 마음에 악한 욕심이 생기면 그것은 다 착하지 않은 것이리니……."

<한글대장경 제3책 중아함경 2권 32쪽 26째줄>

20. 보물

"너희 소유를 팔아 구제하여 낡아지지 아니하는 주머니를 만들라. 곧 하늘에 둔 바 다함이 없는 보물이니 거기는 도적도 가까이 하는 일이 없고, 좀도 먹는 일이 없느니라. 너희 보물 있는 곳에는 너희 마음도 있으리라."

<누가복음 12:33-34>

"세상에 금이나 보물 따위를 임금과 도덕과 물과 불이 침해하며, 죽을 때에는 모두 떠나버리고 그 사람을 따르는 것 있지 않다. 보시하면 그 사람 따르게 되고 견고하게 감춰둠과 같으며, 임금과 도적과 또 물과 불이 능히 침해할 수 없으리라. 인색하고 탐내어 보시 아니하면 그를 항상 잠만 자는 것

이라 하며, 보시를 닦아 가난한 자 도와주면 그를 깨어있는
사람이라 말하리라."

<한글대장경 제8책 별역잡아함경 159쪽 8째줄>

21. 동남동녀들

"그러나 바리새파 사람들과 율법학자들은 요한에게 세례를
받지 않았고 자기들을 향한 하나님의 계획을 물리쳤다. 그러
니 이 세대 사람들을 무엇이 비교할 수 있을까? 무엇과 같을
까? 그들은 시장에 앉아서 서로 부르며 이렇게 말하는 아이들
과 같다.
'우리가 너희를 향해 피리를 불어도 너희는 춤추지 않았고,
우리가 애곡을 해도 너희는 울지 않았다.'"

<누가복음 7:30-32>

"부처님은 그에게 말씀하셨다. 우리 불법에서는 동남·동녀
가 함께 서로 모여 즐기고 놀면서 뜻대로 춤추고 노래하면
이것은 알맞은 일이라고 말하며, 만일 어떤 사람이 나이가 팔
십이 넘어서 머리털이 희며 얼굴이 쭈그러지고 치아가 빠졌는
데 노래하고 춤추며 비파와 꽹과리로 논다든지 제기차기하는
짓을 하면 알맞지 않은 것이라고 말하리라."

<한글대장경 제8책 별역잡아함경 374쪽 5째줄>

22. 부정물(不淨物)

"몸 밖에 있는 것이 사람 속으로 들어가 사람을 더럽히지 못한다. 오히려 사람 속에서 나오는 것이 사람을 더럽히는 것이다."

제자들이 이것은 무엇을 비유하신 것인지 묻자 예수께서 말씀하셨다.

'너희는 아직도 깨닫지 못하느냐. 그것은 사람의 마음으로 들어가는 것이 아니라 음식이 뱃속으로 들어갔다가 결국 몸 밖으로 나오기 때문이다. 사람 속에서 곧 사람의 마음에서 나오는 것은 악한 생각·음란·도둑질·살인·간음·탐욕·악의·거짓말·방탕·질투·비방·교만·어리석음이다. 이런 악한 것들은 모두 안에서 나오고 사람을 더럽게 한다."

〈마가복음 7:15-23〉

"프라세나짓왕은 세존께 여쭈었다.

'무슨 이유로 뜻의 행이 가장 중하다 하나이까?'

'대개 사람의 소행은 먼저 뜻으로 생각한 뒤에 입으로 나오고, 입으로 나온 뒤에 몸으로 살생과 도둑질과 음행을 행하는 것이요. …(후면게송)… 마음은 모든 법의 근본이 됩니다. 마음은 주인 되어 모든 것을 부린다. 그 마음속에 악을 생각하여 그대로 실행할 때는 거기서 괴로움의 갚음을 받는 것, 바퀴가 바퀴자국을 밟는 것 같습니다.'"

〈한글대장경 제10책 증일아함경 2권 511쪽 32째줄〉

23. 마음의 제어와 성령

"또 간음치 말라 하였다는 것을 너희가 들었으나 나는 너희에게 이르노니 여자를 보고 음욕을 품는 자마다 마음에 이미 간음하였다."

〈마태복음 5:27 – 28〉

"양기가 왕성히 일어나면 마음은 미혹하고 눈은 어두워져 천지를 깨닫지 못한 사람이 있었다. ……그는 어느 날 도끼를 빌려다가 그것을 잘라 제거하려 했다. ……그것을 아신 부처님이 말씀하셨다.

'마음은 선악의 근본이다. 음욕의 근본을 끊으려 하면 그 마음을 제어하여야 한다.'"

〈한글대장경 제20책 법구경 외(법구비유경) 124쪽 41째줄〉

"그러므로 내가 너희에게 말한다. 사람에 대한 모든 죄와 모욕은 용서 받겠지만 성령을 모독하는 것은 용서 받지 못할 것이다.

누구든지 인자를 욕하는 사람은 용서 받겠지만 성령을 모독하는 사람은 이 세대와 오는 세대에서도 용서 받지 못할 것이다."

〈마태복음 12:31 – 32〉

"사람이 세상을 살아가는데 도끼가 그 입 속에 있어서 그 나쁜 말로 말미암아 자기 몸을 스스로 베는 것이다…… 꾸미는 말함과 재산 뺏음은 오히려 작은 허물이며, 부처님과 성인을 비방하면 그야말로 큰 죄악이니 그 받는 고통이 길어서 백천 겁을 넘도록 나라부 지옥에 들리라."

〈한글대장경 제8책 별역잡아함경 460쪽 38째줄〉

24. 용서와 수고

"그때 베드로가 예수께 와서 물었다.

'주여 제 형제가 제게 죄를 지으면 몇 번이나 용서해야 합니까? 일곱 번까지 해야 합니까?'

예수께서 대답하셨다.

'내가 너희에게 말한다. 일곱 번만 아니라 70번씩 일곱 번이라도 용서해야 한다.'"

〈마태복음 18:21-22〉

"원한을 원한으로 갚으면 원한은 쉬지 않는다.

이것은 옛날부터 있는 법이다. 그러나 원한을 마음속에서 없애면 원한을 이긴다. 이 법은 영원히 변치 않는 진리다."

〈한글대장경 제9책 증일아함경 1권 307쪽 15째줄〉

"수고하고 무거운 짐 진 자들아, 다 내게 오라. 내가 너희를 쉬게 하리라. 나는 마음이 온유하고 겸손하니 나의 멍에를 메고 내게 배우라. 그러면 너희 마음이 쉼을 얻으리라. 이는 내 멍에는 쉽고 내 짐은 가벼움이라 하시더라."

〈마태복음 11:28-30〉

"무거운 짐을 버리기 생각하고 다시는 새 짐을 만들지 말라. 짐이란 세상의 병이어니 짐을 버리는 것, 첫째 즐거움이다. 그리고 또한 애욕의 결박을 끊고 법답지 않는 모든 행을 버려라. …(7째줄)… 어떤 것을 짐이라 하는가. 이른바 다섯 가지 쌓임이다. 다섯 가지 쌓임이란 곧 육체·감각·생각·지어감·의식의 쌓임이니 이것을 번뇌의 무거운 짐이라 하느니라."

〈한글대장경 제9책 증일아함경 1권 320쪽 27째줄〉

25. 선한 자와 산을 옮긴 이야기

"한 사람이 예수께 와서 물었다.
'선생님 제가 영생을 얻으려면 어떤 선한 일을 해야 합니까?'
예수께서 대답하셨다.
'왜 너는 선한 일을 내게 묻느냐? 선하신 분은 오직 한 분이시다. 네가 생명에 들어가려면 계명들을 지켜라.'"

〈마태복음 19:16-17〉

"파세나디대왕이시여, 여래께서는 탐욕을 떠나 탐욕이 이미 다하였고, 성냄을 떠나 성냄이 이미 다하였으며, 어리석음을 떠나 어리석음이 이미 다하였소. 여래께서는 일체의 착하지 않은 법을 끊고 일체의 착한 법을 성취하시어 진실로 선함을 가르치는 스승이요, 묘한 스승이시며 잘 말하시고 묘하게 말하십니다."

〈한글대장경 제4책 중아함경 3권 389쪽 2째줄〉

"예수께서 대답하셨다.

'너희 믿음이 적기 때문이다. 내가 진실로 너희에게 말한다. 너희에게 겨자씨 한 알 만한 믿음만 있어도 이 산을 향해 여기서 저기로 옮겨지라 하면 옮겨질 것이요, 너희가 못할 일이 없을 것이다.'"

〈마태복음 17:20〉

"부처님은 그것을 잘 해설하시어 우리들이 아직 듣지 못한 것을 가르쳐 주소서."

'잘 듣고 잘 생각하라. 나는 전생에 수없는 겁 동안 항상 이 법을 익혀 다섯 가지 신통을 얻어 산을 옮겨 놓고 흐르는 물을 그치게 하였다.'"

〈한글대장경 제20책 법구경 외(법구비유경) 250쪽 2째줄〉

26. 부자와 천당

"부자들이 하나님 나라에 들어가기가 얼마나 어려운지 모른다. 부자가 하나님 나라에 들어가는 것보다 낙타가 바늘귀로 지나가는 것이 더 쉽다."

"그러면 누가 구원을 받을 수 있겠습니까?"

"사람이 할 수 없는 일을 하나님께서는 할 수 있다."

〈누가복음 18:24-27〉

"부호하고 귀해서는 도를 배우기 어렵다. …(22째줄)… 욕심을 끊고 공을 지키므로 곧 도의 진리를 보게 되면 숙명을 알게 되느니라. …(41쪽 4째줄)… 마음의 때(垢)가 다하면 비로소 영혼이 드러나서 죽으면 가는 곳을 알게 된다.

그러므로 부처님 나라 불국토에 이르는 길은 그동안 도를 행한 덕인에게만 있을 뿐이다."

〈한글대장경 제163책 십력경 외(사십이장경) 420쪽 11째줄〉

27. 가난한 자의 보시

"예수께서는 성전 헌금함 맞은 편에 앉아 사람들이 헌금함에 돈을 넣는 것을 보고 계셨다. 많은 부자들이 큰 돈을 넣었다. 그런데 가난한 과부 한 사람이 다가오더니 렙돈 동전 두 개 곧 1고드란트를 넣었다. 예수께서 제자들을 불러서 말씀하셨다.

'내가 너희들에게 진실로 말한다. 이 가난한 과부가 어느 누구보다도 더 많은 헌금을 드렸다. 그들은 모두 풍족한 가운데서 드렸지만 이 여인은 가난한 가운데서도 자신이 가지고 있던 모든 것, 곧 자기생활비 전부를 드렸다.'"

〈마가복음 12:41 - 44〉

"어떤 빈궁한 거지 여자는 이렇게 생각하였다. …(11째줄)… 저 들은 전생의 복을 닦아 오늘에 부귀한데 나는 전생에 복을 짓지 못하여 금생에 빈곤한 거지 소녀가 되었다. 만일 지금 복을 짓지 않으면 미래에는 더욱 빈곤해지리라. …(16째줄)… 나는 전에 똥 속에서 돈 두 냥을 주워 아끼면서 보관하였다. …(19째줄)…

'지금 나의 전 재산인 그것을 스님들께 보시하자.'

하고 돈 두 냥을 보시했다. 그리고 받은 그 음식들을 가지고 산을 내려가다가 어떤 나무 밑에서 쉬다 잠들었다.

마침 그 나라에서는 상처한 임금님이 있었다. 다음 왕비는 꼭 복덕상이 구족한 여인을 왕비로 삼겠다고 관상장이에게 부탁했다. 그런데 관상장이가 말했다.

'산 너머 하늘 구름이 상서로움이 있습니다.'

그래서 찾아갔더니 지금 찾고 있는 관상과 꼭 맞는 그 거지 소녀가 있었다. 거지 소녀는 그래서 왕비가 되었다."

〈한글대장경 제18책 현우경 외(잡보장경) 444쪽 4째줄〉

28. 우물가의 여인들

"한 사마리아 여인이 우물가에 물을 길으러 나왔다. 예수께서 여인에게 말을 거셨다.

'내게 물 좀 떠 주겠느냐?'

사마리아 여인이 예수께 말했다.

'당신은 유대 사람이고 저는 사마리아 여자인데 어떻게 제게 물을 달라고 하십니까?'

당시 유대 사람들은 사마리아 사람과는 상대도 하지 않았기 때문이다."

〈요한복음 4:7-9〉

"아난존자가 어느 날 사위성에 탁발하러 갔다가 돌아오는 길에 갈증이 났다. 아난은 우물가에서 물을 긷고 있는 마등가라는 처녀에게 물을 청하였다.

'저는 마탕가(상종을 기피하는 천민)의 딸이옵니다. 비천한 신분이어서 귀하신 분께 감히 물을 떠 바칠 수 없습니다.'

아난존자가 말했다.

'여인이여, 나는 붓다의 제자로서 사람들의 빈부귀천 상하에 아무런 차별을 두지 않습니다.'"

〈한글대장경 제269책 좌선삼매경 외(마등가경) 75쪽 11째줄〉

※ 성경이나 불경이나 이 우물가의 사건 후로 많은 교화의 인연들이 전개된다.

29. 은밀한 구제

"너희는 가난한 사람들을 구제할 때 오른손이 하는 일을 왼손이 모르게 하여라. 그래서 네 착한 행실을 아무도 모르게 하여라."

〈마태복음 6:3〉

"또 수보리야 보살은 법에 대하여 머무는 바 없이 보시를 해야 하나니 이른바 생색을 내는 바 없이 보시하고 소리 없이 보시하며 드러나지 않게 보시해야 되느니라."

〈한글대장경 제243책 복개정행소집경 외(금강경 묘행무주분) 114쪽 11째줄〉

30. 걱정 없는 수행자

"예수께서 제자들에게 말씀하셨다.

'그러므로 내가 너희에게 말한다. 네 목숨을 위해 무엇을 먹을까? 마실까? 네 몸을 위해 무엇을 입을까? 걱정하지 말라. 목숨이 음식보다 중요하고 몸이 옷보다 중한 것이다.'"

〈마태복음 6:25〉

"다음에 말하는 네 가지 걱정을 하지 마라. 즉 '나는 무엇을 먹을까?' '나는 어디서 먹을까?' '잠자리가 불편하지 않을까?' 집을 버리고 도를 숭상하는 자는 이 네 가지 걱정을 억제하라. 다닐 때 겸허한 자세로 걸으라."

〈팔리어경 소부 숫타니파타 970~971〉

31. 네 안에 하늘이 있다

"바리새파 사람들이 하나님 나라가 언제 올 것인지 물어보자 예수께서 대답하셨다.

'하나님 나라는 눈으로 볼 수 있는 모습으로 오지 않는다.'

또한

'보라 여기 있다. 보라 저기 있다.'

하고 말할 수도 없다.

하나님 나라는 너희 안에 있기 때문이다."

〈누가복음 17:20-21〉

"모든 중생들이 불성(부처님 성품)을 가지고 있지만 번뇌에 가려 알지 못하고 보지도 못한다. 그러나 모든 중생들이 불성을 가지고 있기 때문에 선업(善業)을 말려 버린 중생이라 할지라도 나쁜 생각을 돌이켜 바른 마음을 가지면 반드시 깨달음을 얻을 수 있다. 그러므로 네 마음 안에 부처님이 계시고 불국토가 있다."

<한글대장경 제253책 대반열반경(40권본) 158쪽 9째줄>

"부대사 선계송
'밤마다 부처를 안고 자며 아침마다 함께 일어난다.
진실로 부처님 가신 곳을 알려고 하면
말하고, 침묵하고, 움직이고,
고요히 멈추는 곳마다 계신다.'"

32. 복 있는 자

"예수께서 입을 열어 그들을 가르치며 말씀하셨다.
복되도다!
마음이 가난한 사람들은, 하늘나라가 그들의 것이다.
슬퍼하는 사람들은, 그들에게 위로가 있을 것이다.
온유한 사람들은, 그들의 땅을 유업으로 받을 것이다.
의에 주리고 목마른 사람들은, 그들은 배부를 것이다.
자비로운 사람들은, 그들은 자비를 받을 것이다.
마음이 깨끗한 사람들은, 그들은 하나님을 볼 것이다.
평화를 이루는 사람들은, 하나님의 아들이라 불릴 것이다.

의를 위해 핍박 받는 사람들은, 하늘나라가 그들의 것이다.

나 때문에 사람들의 모욕과 핍박과 터무니없는 온갖 비난을 받는 너희들 기뻐하고 즐거워하라. 하늘에서 너희들의 상이 크다. 너희들보다 먼저 살았던 예언자들도 그런 핍박을 당했다."

〈마태복음 5:2 - 12〉

"세상에서 복을 구하는 사람으로 나보다 더한 사람은 없다. 왜 그런가 하면 나는 6가지 법에 있어서 만족할 줄 모른다.

그 여섯이란? 첫째는 보시요, 둘째는 교훈이며, 셋째는 참기(인욕)요, 넷째는 법의 뜻을 설명하는 것이며, 다섯째는 중생을 보호하는 것이요, 여섯째는 더 위없는 바른도(無上正等覺)를 구하는 것이다. 아니룻다야 이것이 이른바 '나는 이 여섯 가지 법에 만족하지 못한다는 것이다.' …(112쪽 4째줄)… 이 세상 모든 힘으로 천상·인간에 두루 놀 때 복의 힘이 가장 훌륭하나니 그 복(福)으로 불도를 성취한다."

〈한글대장경 제10책 증일아함경 2권 111쪽 28째줄〉

"복의 무더기는 불이 태우지 못하고 회오리바람도 넘어뜨리지 못하고 겁이 다하도록 홍수에 잠기더라도 그를 능히 부패하게 하지 못한다."

〈한글대장경 제8책 별역잡아함경 480쪽 35째줄〉

33. 농부 아버지

"나는 참 포도나무요, 내 아버지는 농부이시다. 내게 붙어 있으면서도 열매를 맺지 못하는 가지는 아버지께서 다 자르실 것이요, 열매 맺는 가지는 더 많은 열매 맺도록 깨끗하게 손질하신다. … 내 안에 머물러 있으라. 그러면 나도 너희 안에 머물러 있을 것이다. 가지가 포도나무에 붙어 있지 않으면 스스로 열매를 맺지 못하는 것처럼 너희도 내 안에 있지 않으면 열매를 맺을 수 없다."

〈요한복음 15:1-4〉

"'세존이시여, 저는 밭을 갈고 씨를 뿌린 뒤에 그것으로 먹고 삽니다. 스승께서도 밭을 갈고 씨를 뿌린 뒤에 공양을 하도록 하십시오.'

'바라문이여, 나도 밭을 갈고 씨를 뿌린 다음 먹는다. 신앙은 내 씨앗이고 착함은 내 밭이며 고행은 비(雨)이며, 지혜는 내 멍에와 쟁기이고, 부끄러운 마음은 쟁깃대며, 의지는 밧줄이고, 사념(思念)은 내 쟁깃날과 고무래다. …… 나의 밭갈이는 이와 같이 감로로 이루어져 수확을 가져온다. 이런 밭을 가는 자는 모든 고뇌로부터 해탈하리라.'"

"'고타마께서는 참으로 밭갈이를 잘하십니다. 완전한 밭갈이하신 분이십니다. 이 우유죽을 드십시오.'

하고 공양을 올렸으니 조건부 있는 음식은 드시지 않으므로 그냥 가셨다."

〈팔리어경 소부 숫타니파타 76-80〉

34. 밀알 이야기

"밀알 하나가 땅에 떨어져 죽지 않으면 한 알 그대로 있고, 죽으면 많은 열매를 맺게 된다.

자기 생명을 사랑한 자는 잃어버릴 것이요, 이 세상에서 자기 생명을 미워한 자는 영원히 보전할 것이다."

〈요한복음 12:24-25〉

"큰 나무가 있었는데 이름은 감향이요, 뿌리는 깊었고 줄기는 컸으며 가지와 잎은 무성하며 열매는 붉고 그 맛은 달고 맛이 있었다. …(96쪽 4째줄)… 이 나무는 본래 하나의 씨로부터 4대(지·수·화·풍)의 세포로 길러져 저절로 크고 무성하게 되어 여기 있는 사람들을 그늘로 덮고 있다. 본래 하나의 씨 그대로 있을 때는 뿌리와 줄기와 잎과 열매는 있지도 않았고 보지도 못했으나 …(96쪽 23째줄)… 씨는 날로 썩어가서 씨는 변화하여 이렇게 다시 생기는 것이다."

〈한글대장경 제163책 십력경 외(불설견정경) 95쪽 18째줄〉

35. 나는 길이요, 진리요, 생명이다.

"예수께서 도마에게 말씀하셨다.

나는 길이요, 진리요, 생명이다.

나를 통하지 않고서는 아버지께로 올 사람이 없다.

너희가 나를 알았더라면 내 아버지도 알았을 것이다."

〈요한복음 14:6-7〉

"나는 착한 길잡이와 같아서 좋은 길로 사람을 인도한다. 들고서도 가지 않으면 그것은 길잡이의 잘못이 아니니라."

〈한글대장경 제194책 대방광십륜경(유교경) 619쪽 4째줄〉

"법(진리)을 보는 사람은 나를 본다. 나를 보려거든 내가 가르친 법(진리)을 보라."

〈불교성전(잡아함경) 1981년 발행 한길로 편역 173쪽 11째줄〉

"때는 12월 8일 새벽 …… 동쪽 하늘에 돋아난 샛별을 보는 순간 그 앞에는 실상의 세계가 펼쳐졌다. 온 우주는 그대로 광명이며 생명 그것이었다. 모든 이치가 눈앞에 분명히 드러났고 온갖 집착과 번뇌는 자취도 없이 사라졌다."

〈불교성전(중부경) 한길로 번역 81쪽 14째줄〉

36. 믿음의 재산과 깨어있는 자

"정신을 바짝 차리라. 항상 깨어 있으라. 그때가 언제 올지 알지 못하기 때문이다. 깨어 있으라.

그것은 여행을 떠나는 사람에 비유할 수 있다. 사람이 집을 떠나면서 자기 종들에게 권한을 주고 각 사람에게 할 일을 맡기고 자기 문지기에게 집을 잘 지키라고 명령하는 것과 같다.

그러므로 너희는 항상 깨어 있으라. 집주인이 언제 올지 곧 저녁이 될지 한밤이 될지 새벽이 될지 아침이 될지 모르기 때문이다.

그가 갑자기 돌아와 너희가 자고 있는 모습을 보게 되는 일이 없도록 하여라.

내가 너희에게 하는 이 말은 모든 사람에게 하는 말이니 깨어 있으라."

〈마가복음 13:33 - 37〉

"언제나 스스로 깨어 있기를 생각하고 법이 아닌 것에 집착 하지 말라.
그 닦는 바가 바른 행과 맞으면 생사의 어려움을 건너게 되리라. …… 만일 부지런히 노력하려는 마음 그 마음을 언제 나 떠나지 않아 서로서로 계속해 가르쳐 깨우치면 마침내 번 뇌 없는 사람이 되리라."

〈한글대장경 제10책 증일아함경 2권 299쪽 19째줄〉

"네 믿음이 너를 구원했다. 평안히 가거라."

〈누가복음 7:50〉

문 : 이 세상에서 인간에게 가장 큰 재산은 무엇입니까?
답 : 이 세상에서 신앙은 인간에게 가장 큰 재산이다.

〈팔이어경장 숫타니파타 181 - 182〉

"'여인아, 네 믿음이 크다. 네 소원대로 될 것이다.'
그리고 바로 그때 그 여인의 딸의 병이 나았다."

〈마태복음 15:28〉

"그때 세존께서는 게송으로 말씀하셨다.
'모든 사람이 갖는 재물 중에는 믿음의 재물이 제일 수승 (殊勝)한 것이다.'"

〈한글대장경 제8책 별역잡아함경 519쪽 27째줄〉

37. 인내와 자비심

"너희가 인내함으로 너의 영혼을 얻을 것이다."

<누가복음 21:19>

"참음(忍耐)을 닦는 것 그 위에 있는 것 없다."

<한글대장경 제7책 잡아함경 3권 189쪽 22째줄>

"너희는 내 이름 때문에 모든 사람에게서 미움을 받을 것이
다. 그러나 끝까지 견디는 사람은 구원을 받을 것이다."

<마태복음 10:22>

"그러므로 모든 성현들은 항상 참는 공덕을 칭찬하며
자기와 남들에 대하여 난관과 모든 공포를 없애 준다."

<한글대장경 제8책 별역잡아함경 79쪽 8째줄>

"누구든지 나를 따르려면 자기를 부인하고
날마다 자기 십자가를 지고 따라야 한다."

<누가복음 9:23>

"성내지 않는 것은 성내는 것을 이기고,
착하지 않은 것은 착함으로 항복받고,
은혜를 베푸는 것은 간탐을 항복받고,
참말은 거짓말을 부순다.

<한글대장경 제7책 잡아함경 3권(아수라경) 229쪽 6째줄>

"내가 원하는 것은 제사가 아니라 자비라고 하신 말씀의 뜻을 너희가 알았다면 너희가 죄 없는 사람들을 정죄하지 않았을 것이다."

〈마태복음 12:7〉

"비구들이여 몸으로 행할 때 자비를 생각하되 거울에 얼굴을 비춰보듯 하라. 그것은 공경할 만하고 귀히 여길 만한 것이니 잊거나 잃지 않도록 하라. 다시 입으로 행할 때 자비를 생각하고, 뜻으로 행할 때 자비를 생각하라."

〈현우경 336쪽 20째줄〉

"자비심이 부처의 시작이니라."

〈한글대장경 제10책 증일아함경 2권 73쪽 8째줄〉

38. 죽음을 넘어선 사람들

"이 세상에서 자기 생명을 사랑하는 사람은 잃을 것이요, 이 세상에서 자기 생명을 미워한 자는 그 생명을 보존할 것이다."

그들은 하나님의 영광보다 사람의 영광을 사랑했던 것이다.

〈요한복음 12:25, 43〉

"누구든지 나를 따르려거든 자기를 부인하고 자기 십자가를 지고 따라야 한다."

〈마태복음 16:24〉

"왕은 다시 가지가지의 묘하고 훌륭한 5욕거리를 더하여 낮밤으로 태자의 마음을 즐겁게 하려 했네.

그럴수록 태자는 더욱 싫어해 끝끝내 사랑하고 즐길 뜻 없어 다만 나고 죽는 괴로움 생각하기 마치 화살 맞은 사자 같았네. …(42쪽 20째줄)… 세상에서 뛰어난 거룩한 왕자로서 밥을 빌어먹으면서 세상의 영화를 버리었네."

〈한글대장경 제20책 법구경(불소행찬) 364쪽 7째줄〉

39. 믿음과 구원

"너희가 나를 사랑한다면 내 계명을 지킬 것이다. 너희가 무엇이든지 내 이름으로 구하면 내가 다 이루어주겠다. 이는 아들을 통해 아버지께서 하늘의 영광을 받게 하려는 것이다. 너희는 내 이름으로 무엇이든지 구하라. 그러면 내가 다 이루어주겠다."

〈요한복음 14:13－15〉

"깨끗한 계율을 행한 사람은 그 마음에 원하는 것이면 저절로 얻어진다. …… 왜냐하면 바른 행과 법다운 행을 행함으로써 계율을 가지고 청정한 마음으로 애욕을 떠나면 원하는 것 반드시 얻어지기 때문이다."

〈한글대장경 제7책 장아함경 3권 91쪽 23째줄〉

"그러므로 내가 너희에게 말한다. 무엇이든지 너희가 기도하고 간구하는 것은 이미 받은 줄로 믿으라. 그러면 너희에게 그대로 이루어질 것이다."

〈마가복음 11:24〉

"비구들이여, 만일 믿음이 있는 사람을 위해 믿는 법을 말하면 그는 곧 기뻐할 것이다. 마치 병든 사람을 위해 치료하는 약을 말하면 그는 곧 병을 고치는 것처럼 기뻐하면서 마음 변치 않을 것이다."

〈한글대장경 제9책 증일아함경 1권 208쪽 34째줄〉

40. 진리와 자유

예수께서 자기를 믿게 된 유대 사람들에게 말씀하였다.

"만일 너희가 내 말대로 산다면 너희는 참으로 내 제자들이다. 그리고 너희는 진리를 알게 될 것이며, 진리가 너희를 자유롭게 할 것이다."

〈요한복음 8:31 – 32〉

"부처님께서 말씀하셨다.

'나는 모든 감관이 고요하여 자유를 얻었다. 그런데 너(앙굴마라)는 이교도의 나쁜 스승에게서 삿된 법을 배워 네 마음 본질이 변해버렸으므로 가만히 머무르지 못하고 밤낮으로 사람을 죽여 끝없는 죄를 짓는구나.'

그는 이 말을 듣자 갑자기 마음이 열려 칼을 멀리 던져버리고 멀리서 부처님을 향해 예배하며 스스로 다가왔다."

〈한글대장경 제18책 현우경 276쪽 33째줄〉

41. 용서와 참회

"너희가 너희에게 죄 지은 사람을 용서하면 하늘에 계신 너희 아버지께서도 너희를 용서할 것이다. 그러나 너희가 남의 죄를 용서치 않으면 너희 아버지께서도 너희 죄를 용서하지 않으실 것이다."

〈마태복음 6:14 - 15〉

"감히 다시는 그런 말을 하지 말라. 왜냐하면 장생태자는 자기 아버지를 죽인 원수인 나를 용서하고 내 목숨을 살려 주었고, 나 또한 이 사람의 목숨을 살려 주어야 할 것이기 때문이다. …(311쪽 25째줄)… 이것이 원한을 원한으로 갚으면 마침내 원한은 끊이지 않는다는 것이다. 원한을 쉬게 하려면 오직 남에게 보갚음을 하지 말라."

〈한글대장경 제9책 증일아함경 1권 310쪽 38째줄〉

"회개하라. 하늘나라가 가까이 왔다.
주를 위해 길을 예비하라. 주의 길을 곧게 하라."

〈마태복음 3:2, 3〉

"그때 아자타삿투왕은 부처님 앞에 나아가 땅에 엎드려 두 손을 부처님 발 위에 얹고 사뢰었다.

'원컨대 세존께서는 가엾이 여겨 이 참회를 받아주소서. 죄 없는 부왕을 잡아 해쳤나이다. 원컨대 세존께서는 이 참회를 받아주소서. 다시는 범하지 않겠나이다. 과거를 고치고 미래를 닦겠나이다.'

'지금이 바로 그때다. 마땅히 참회하여 때를 놓치지 말라. 대개 사람이 세상을 살아갈 때 허물이 있어도 곧 스스로 고치면 그는 상인(上人)이다. 내 법은 매우 넓고 크다. 진실로 참회하면 좋다.'"

〈한글대장경 제10책 증일아함경 2권 264쪽 40째줄〉

"비록 중한 죄를 지었더라도 뉘우치고 다시 범하지 아니하면 그것은 계율에 알맞은 것이라서 그 죄의 근본을 뽑을 것이다."

〈한글대장경 제9책 증일아함경 1권 87쪽 5째줄〉

"사람이 악행을 지었더라도 진실로 허물을 뉘우치고 참회하면 차츰 엷어지나니 날로 뉘우쳐 계속 쉬지 않으면 비로소 죄의 뿌리가 뽑히리라."

〈한글대장경 제10책 증일아함경 2권 269쪽 2째줄〉

42. 보시공덕

"그러므로 모든 일에 네가 대접 받고 싶은 대로 남을 대접하라. 이것이 바로 율법과 예언서에서 말하는 것이다."

〈마태복음 7:12〉

"내가 진실로 너희에게 말한다. 누구든지 내 제자라는 이유로 이 작은 사람 중에 하나에게 냉수 한 그릇이라도 주는 사람은 반드시 그 상을 놓치지 않을 것이다."

〈마태복음 10:42〉

"악한 영과 질병으로부터 고침 받은 여자들도 예수와 함께 했다. 이들은 일곱 귀신 떠나간 막달라 마리아였고 헤롯 청지기인 구사의 아내 요안나, 수산나와 그 밖의 많은 여인들이었다. 이들은 자신의 재산으로 예수 일행을 섬겼다."

〈누가복음 8:2〉

"베풀어주는 일은 큰 재물 되고 원하는 일도 성취되나니 나라의 왕이나 그리고 도둑이라도 그가 가진 것 빼앗지 못한다. ……보시함으로써 하늘 몸 얻는다."

〈한글대장경 제9책 증일아함경 1권 72쪽 7째줄〉

"깨끗한 믿음으로 보시 행하면 이 세상이나 저 세상이나 어디고 그가 가는 곳에는 그림자처럼 복된 갚음 따르리."

〈한글대장경 제7책 잡아함경 3권 45쪽 13째줄〉

"보시는 중생 위한 복의 도구로 가장 제일 되는 진리에 이르나니 누군가 능히 보시를 생각하거든 곧 기쁘고 즐거운 마음을 내라."

〈한글대장경 제10책 증일아함경 2권 506쪽 38째줄〉

"때를 따라 보시하기 잊지 않으면 소리에 메아리인 듯 그 복 받느니라. …… 보시는 온갖 행의 근본이 되어 위 없는 높은 자리에 가게 되나니……."

〈한글대장경 제9책 증일아함경 1권 495쪽 31째줄〉

43. 종자와 씨앗

"그 열매를 보면 너희가 그들을 알아볼 수 있을 것이다. 가시나무에서 포도를 따고 엉겅퀴에서 무화과를 얻겠느냐. 이처럼 좋은 나무는 좋은 열매를 맺고 나쁜 나무는 나쁜 열매를 맺는다. 좋은 나무가 나쁜 열매를 맺을 수 없고, 나쁜 나무가 좋은 열매를 맺을 수 없다."

〈마태복음 7:16-18〉

"비유하면 감자가 벼·포도 종자를 땅에 심고 때맞춰 물을 주면 그것은 땅맛·물맛·불맛·바람맛을 받더라도 그 맛은 모두 달다. 왜냐하면 종자가 달기 때문이다. 이와 같이 바른 소견을 가진 사람은 몸의 업이나 입의 업이 그 소견과 같아서 …… 생각하고 바라며 혹은 원하고 행하는 것이 다 그것을 따르면 그는 모두 사랑할 만하고 생각할 만하여 마음에 드는 결과를 얻는다."

〈한글대장경 제6책 잡아함경 2권 319쪽 31째줄〉

"예수께서 또 다른 비유를 들어 말씀하셨다. 하늘나라는 사람이 자기 밭에 가져다가 심어 놓은 겨자씨와 같다. 겨자씨는 모든 씨앗들 가운데 가장 작은 씨앗이지만 자라면 모든 풀보다 커져 나무가 된다. 그래서 공중에 나는 새들이 와서 그 가지에 깃든다."

〈마태복음 13장 31절〉

"네가 니그로다 나무를 볼 때 그 높이가 얼마나 되던가?"

"높이는 40리요, 해마다 수만 섬의 열매를 따나이다."

"그 씨앗은 얼마나 큰가?"

"겨자씨만 합니다."

"한 되쯤 심었던가? 씨 하나를 심었을 뿐입니다."

"네 말이 어찌 그리 부풀었는가. 한 겨자씨 만한 것이 어떻게 그 높이가 40리가 되며 해마다 수만 개의 열매를 따겠는가?"

"진실로 그러하나이다."

"그렇구나. 한 인과의 갚음이 진실로 그러하거늘 …… 한 바리의 밥을 여래께 보시한 그 복 다 헤아릴 수 없느니라."

〈한글대장경 제18책 현우경(구집비유경) 693쪽 27째줄〉

44. 이웃 사랑

"율법에 무엇이라 기록돼 있느냐? 너는 그것을 어떻게 읽고 있느냐?"

율법학자가 대답했다.

"네 마음을 다해 …… 주 네 하나님을 사랑하라 했고, 또 네 이웃을 네 몸같이 사랑하라 했습니다."

〈누가복음 10:26-27〉

"마음이 사랑과 하나가 되기 때문에 원한도 없고, 미움이나 성냄도 없고, 넓고 크고 한량없이 잘 닦아 익히어 모든 곳에 가득 찼고, 선정을 완전히 갖추어 머무르게 되느니라."

〈한글대장경 제6책 장아함경 2권 426쪽 첫째줄〉

"…… 또 사랑하는 마음을 쓰면 얼굴이 단정하고 모든 감관이 이지러지지 않아 형체가 완전히 갖추어질 것이다."

〈한글대장경 제10책 증일아함경 2권 304쪽 18째줄〉

"하나님께서는 악한 사람이나 선한 사람이나 똑같이 햇빛을 비추어 주시고, 의로운 사람이나 불의한 사람이나 똑같이 비를 내려 주신다. 너희를 사랑해 주는 사람만 사랑한다면 무슨 상이 있겠느냐. 세리라도 그 정도는 하지 않겠느냐? 형제에게만 인사한다면 남보다 나을 것이 무엇이 있겠느냐? 이방 사람도 그 정도는 하지 않느냐? 그러므로 하늘에 계신 너희 아버지가 온전하심과 같이 너희도 온전해야 한다."

〈마태복음 5:45-48〉

"그때 부처님은 거지 아이들에게 말씀하셨다.
'우리 법은 청정하여 귀천이 없다. 그것은 마치 깨끗한 물이 온갖 더러운 것을 씻되 귀하거나 천하거나 곱거나 밉거나 남자거나 여자거나 물에 씻으면 깨끗해지지 않는 것이 없느니라. 또 불이 가는 곳엔 산이나 들이나 석벽이나 천지에 일체는 타지 않는 것이 없느니라. 또 우리 법은 마치 저 하늘 허공과 같아서 남녀노소 빈부귀천이 마음대로 그 안에 들어올 수 있느니라…….'"

〈한글대장경 제18책 현우경 166쪽 9째줄〉

45. 발과 향유

"한 바리새파 사람이 예수를 저녁식사에 초대했다. 그래서 예수께서는 그 바리새파 사람의 집으로 들어가 식탁에 앉으셨다. 그 마을에 죄인인 한 여자가 있었는데 예수께서 그 바리새파 사람의 집에 계시다는 것을 알고는 향유가 든 옥합을 가지고 와 예수의 뒤로 그 발 곁에 서서 울며 눈물로 그 분의 발을 적셨다. 그리고 자신의 머리카락으로 발을 닦고 그 발에 자신의 입을 맞추며 향유를 부었다."

〈누가복음 7:36 - 38〉

"옛날 슈라아바스트이성 안의 어떤 여자가 땅에 앉아 향료를 갈다가 성안으로 들어가시는 부처님을 보고 향을 부처님 발에 발라드렸다. 그 뒤 그녀는 목숨을 마치고 하늘나라에 나게 되었는데 몸의 향기는 사천리까지 풍기었다. 그녀가 설법당으로 들어가자 제석천은 게송으로 한탄하였다.

'너는 옛날에 어떤 업을 지었기에
그 몸에서 미묘한 향기가 나는가.
이 하늘 위에 살면서 광명과 빛깔은 녹인 금과 같구나.'"

〈한글대장경 제18책 현우경 외(잡보장경) 475쪽 8째줄〉

"내가 진실로 너희에게 말한다.
'무엇이든 너희가 여기 있는 내 형제들 중에서 가장 보잘 것 없는 사람에게 한 것이 곧 내게 한 것이다.'"

〈마태복음 25:40〉

"병자를 간호하는 것보다 그 복이 훌륭한 것을 보지 못했다. 병자를 돌보는 것은 곧 나를(부처님) 돌보는 것과 다름이 없다. …(35째줄)… 알고도 행하지 않으면 법률로 다스리리라."

〈한글대장경 제10책 증일아함경 2권 282쪽 24째줄〉

46. 나와 내 아버지

"…… 아버지가 내 안에 계시고 내가 아버지 안에 있다는 것을 깨달아 알게 될 것이다."

〈요한복음 10:38〉

"나와 내 아버지는 하나다. …… 이때 유대 사람들이 다시 돌을 집어 들어 예수께 던지려고 했다. …… 우리가 당신을 돌로 치려 하는 것은 …… 하나님을 모독했기 때문이요, 당신은 사람이면서 자신을 하나님이라고 했기 때문이다."

〈요한복음 10:30 - 33〉

"그들이 이 하나의 주장·이치·연설을 알지 못했다. …(329쪽 43째줄)… 어떤 비구가 하나인 이 이치를 알면 현세에서 제일 높은 사람이 될 것이다."

〈한글대장경 제10책 증일아함경 2권 325쪽 41째줄〉

"대개 그 깨달음에는 인연이 있는 것이니 마음이 전일(專一 ; 오로지 하나됨) 하면 진리를 보지 못함이 없느니라."

〈한글대장경 제20책 현우경(구잡비유경) 698쪽 2째줄〉

"일체의 탐욕을 모조리 끊고 뜻의 뿌리(오온 쌓임)를 아주 잘라서 낮이나 밤이나 하나를 지키면 반드시 선정에 들어가리라."

<한글대장경 제20책 법구경(하권) 76쪽 26째줄>

"후세에 보조스님은 이것을 한 마디로 요약하여 이렇게 말했다.

'한 마음을 미혹하여 끝없는 번뇌를 일으키는 자는 중생이고, 한 마음을 깨달아 끝없는 묘용을 일으키는 자는 부처이다.'"

<보조스님 정혜결사문>

※ 불교에서 한 마음이란 모든 개념을 떠나 차별이 없는 평등한 세계, 즉 진여를 말한다.

47. 세상 욕심

"한 부자가 수확이 잘 되는 땅을 가지고 있었는데…… 내 곡식을 쌓아 둘 곳이 없구나 하고 생각했다. …… 창고를 더 크게 지어 곡식과 물건을 거기에 쌓아두어야겠다. 그리고 나서 내 영혼에게 말하겠다.

'영혼아, 여러 해 동안 쓸 물건을 많이 쌓아두었으니 편히 쉬고 먹고 마시고 즐겨라.'

그러나 하나님께서 그에게 말씀하셨다.

'이 어리석은 자야, 오늘밤 네 영혼을 도로 찾을 것이다. 그러면 네가 너를 위해 장만한 것들을 다 누가 갖게 되겠느냐?'"

〈누가복음 12:16-20〉

악마 : 그러므로 마음대로 설산을 순금으로 변하게 할 수 있
　　　 다. 그래서 나는 또 세존께 "왕이 되소서. 뜻대로 될
　　　 것입니다."라고 여쭈었다.

세존 : 나는 국왕이 되고 싶은 생각은 전혀 없다. 그런데 어떻
　　　 게 되겠는가. 또 나는 설산을 순금으로 변하게 하려는
　　　 마음도 없다. 그런데 어떻게 변하겠는가…… 어떤 사람
　　　 이 그 금을 얻는다 해도 오히려 만족할 줄 모를 것이
　　　 다. 그러므로 저 지혜로운 사람은 그 금과 돌을 같다고
　　　 본다.

〈한글대장경 제7책 잡아함경 3권 157쪽 10째줄〉

48. 종과 주인

"그러나 그 종이 악한 마음을 품고 생각하기를, '내 주인은
아직 멀리 있다'라고 하며 함께 일하는 다른 종을 때리고 술
좋아하는 친구들과 어울려 먹고 마신다면 종이 미처 생각지도
못한 날에, 그리고 알지도 못한 시각에 그 종의 주인이 돌아
와 그 종을 처벌하고 위선자들과 함께 가두리니 그들은 거기
서 슬피 울며 이를 갈 것이다."

〈마태복음 24:48-51〉

"어리석어 지혜 적은 이는
온갖 나쁜 업만 저지르나니
자기 몸 위에 나쁜 짓 하다가
뒤에는 큰 고통의 과보 받네.
이렇게 짓는 업이 착하지 못하면
짓고서 스스로 태우고 지지나니
어리석어 온갖 악을 짓다가
과보 받으면 슬피 울부짖네."

〈한글대장경 제8책 별역잡아함경 457쪽 27째줄〉

"나와 함께 하지 않는 사람은 나를 반대하는 사람이고, 나와 함께 모으지 않는 사람은 흩어버리는 사람이다."

〈마태복음 12:30〉

"예수께서 말씀하셨다.
'그를 막지 말라. 누구든지 너희를 반대하지 않는 사람은 너희를 위하는 사람이다.'"

〈누가복음 9:50〉

문 : 스승님 내 편과 적을 어떻게 분별할 수 있습니까?

답 : 그 사람은 보고도 미소하지 않고 또 그를 환영하지도 않으며, 그에게 눈길을 주지 않으며, 무슨 일이나 반대하고 나선다. 이런 것들은 원적(怨敵)의 징후이다.

〈한글대장경 제92책 본생경 2권 108쪽 12째줄〉

49. 빵과 잔

그들이 식사를 하고 있을 때 예수께서 빵을 들어 감사 기
도를 드리신 후 빵을 떼어 제자들에게 주면서 말씀하셨다.
"받아서 먹어라. 이것은 내 몸이다."
그리고 또 잔을 들어 감사 기도를 드리신 후 제자들에게
주시면서 말씀하셨다.
"너희는 모두 이것을 마시라. 이것은 죄사함을 위해 많은
사람들을 위해 흘리는 나의 피(언약의 피)다."
〈마태복음 26:26 - 28 '최후 만찬장'에서〉

"지혜는 높으나 아직 깨달음에 이르지 못한 수행자가 있었
다. 어느 날 하늘나라 제석천왕이 그를 시험하기 위해 얼굴이
험상궂은 나찰로 변해 그 앞에 나타났다.
그리고 시(詩)를 읊었다.

'이 세상 모든 일 다 덧없는 것이니
그것은 곧 나고 죽고 변하는 법이라네.'

수행자는 이 시를 듣고 마음속으로 무한한 기쁨을 느꼈다.
'나찰이여, 그 시의 다음 구절을 나에게 들려줄 수 없겠는가.'
하니 나찰은 말했다.
'나는 지금 배가 고파 죽을 지경이오.'
'그대는 대체 어떤 음식을 먹습니까?'
'내가 먹는 것은 사람의 살덩어리이고 마시는 것은 사람의
피입니다."

'그렇다면 나머지 구절을 읊어 주시오. 듣고서 내 몸을 당신께 드리겠습니다.'

'그러나 어떻게 당신 말을 믿겠소.'

'나는 이 무상한 몸을 버려 영원한 몸과 바꾸려 합니다. 시방삼세 모든 부처님들도 증명해 주실 것입니다.'

'그럼 말하여 주겠소. 잘 들으시오.

나고 죽는 것엔 자성(自性)이 없나니 나고 죽음이 다 없어진 뒤에야 열반의 즐거움이 있습니다.'

수행자는 듣고 한없이 기뻐하며 몸을 바치기 위해 높은 나무 위에서 몸을 던졌다. 그러자 즉시 나찰은 다시 제석천왕으로 변해 수행자의 몸을 안전하게 받았다."

〈불교성전(대반열반경 14) 1972년 발행 김성구 편역 220쪽 19째줄〉

50. 눈과 티

"어째서 너는 네 형제의 눈에 있는 티는 보면서 네 눈에 있는 들보는 깨닫지 못하느냐. 네 눈에 있는 들보는 보지 못하면서 어떻게 형제에게 '형제여, 네 눈에 있는 티를 빼라'고 하느냐. 위선자여, 먼저 네 눈에 있는 들보를 빼라. 그런 후에 네가 정확히 보고 형제의 눈 속에 있는 티를 빼낸다면 빼낼 수 있으리라."

〈누가복음 6:41 - 42〉

"먼저 스스로 자기 몸을 바르게 하고 그런 다음에 다른 사람을 바르게 하라. 만일 먼저 스스로 제 몸을 바르게 하고 다른 사람을 침해하지 않으면 참다운 지혜인이 될 것이다. 부디 스스로 닦기를 힘써 그 교훈을 따라야 한다."

〈한글대장경 제170책 반이원경(법집요송경) 416쪽 28째줄〉

51. 부모 공경

"하나님께서는 너희 부모를 공경하라 하셨고, '누구든지 자기 부모를 저주하는 사람은 반드시 죽을 것이다'라고 하셨다."

〈마태복음 15:4〉

"비구들아, 부모의 은혜는 지극히 무거우니라. 우리를 안아 길러주고 때때로 보살펴 시기를 놓치지 않았기 때문에 우리는 저 해와 달을 보게 된 것이다."

〈한글대장경 증일아함경 1권 210쪽 3째줄〉

"그 부모에게 극진히 효도하면 모든 어른들에게도 깊은 마음에서 공경하며 항상 부드러운 말과 착하고 좋은 말만 하며 이간 부치는 말과 인색함과 성냄 끊어질 것이다."

〈한글대장경 별역잡아함경 69쪽 17째줄〉

52. 부끄러움

"누구든지 음란하고 죄 많은 이 세대에서 나와 내 말을 부끄럽게 여기면 인자도 아버지의 영광을 입고 거룩한 천사들과 함께 올 때에 그를 부끄럽게 여길 것이다."

〈마가복음 8:38〉

자기가 의롭다 생각하며 다른 사람들을 업신여기는 몇몇 사람들에게 예수께서 이런 비유를 들려 주셨다.

"두 사람이 기도하러 성전에 올라갔다. 한 사람은 바리새파 사람이었고, 또 다른 사람은 세리였다.

바리새파 사람은 서서 자신에 대해 이렇게 기도했다.

'하나님, 저는 다른 사람들, 곧 남의 것을 빼앗는 사람이나 불의한 사람이나 간음하는 사람과 같지 않고 이 세리와도 같지 않음을 감사합니다. 저는 일주일에 두 번씩 금식하고 얻은 모든 것의 십일조를 냅니다.'

그러나 세리는 멀찍이 서서 하늘을 쳐다볼 엄두도 내지 못하고 가슴을 치며 말했다.

'하나님, 이 죄인에게 자비를 베풀어 주십시오.'

내가 너희에게 말한다. 이 사람이 저 바리새파 사람보다 오히려 의롭다는 인정을 받고 집으로 돌아갔다. 누구든지 자기를 높이는 사람은 낮아질 것이요, 자기를 낮추는 사람은 높아질 것이다."

〈누가복음 18:9-14〉

"만일 비구가 부끄러움이 없으면 사랑과 공경을 해치느니라. 사랑과 공경이 없으면 믿음을 해치고 …… 바른 사유(思惟)를 해치고 …(29째줄)… 그러나 만일 비구가 부끄러움이 있으면 곧 사랑과 공경을 익히고 믿음을 익히며 …… 바른 사

유, 바른 생각, 바른 지혜를 익히며 …… 해탈 열반을 익히느
니라."

〈한글대장경 제1책 중아함경 1권 221쪽 22째줄〉

"'나는 부처님과 법과 스님들로 말미암아 선(善)과 서로 응
하는 평등한 마음에 머무르지 못한다'고. 그러나 그는 부끄러
워 함으로 말미암아 곧 선과 서로 응하는 평등한 마음에 머
무를 것이다."

〈한글대장경 중아함경 1권 154쪽 38째줄〉

53. 주인과 객

"이스라엘아 들으라! 주(主) 우리 하나님은 오직 한 분이시
다. 네 마음과 네 목숨과 네 뜻, 네 힘을 다해 주(主) 네 하
나님을 사랑하라. 이것이 첫 번째 중요한 계명이다."

〈마가복음 12:29-30〉

"모든 것이 그 분을 통해 지음 받았으며 그 분 없이 된 것
은 아무것도 없다."

〈요한복음 1:3〉

"지금까지 아무도 하나님을 본 사람이 없다. 그러나 아버지
품에 계시는 독생자께서 하나님을 알려 주셨다."

〈요한복음 1:18〉

"그 분이 세상에 계셨고 그 분이 세상을 지었지만 세상은 그 분을 알아보지 못했다."

〈요한복음 1:10〉

"예수께서 그들에게 말했다.
'내가 너희에게 진실로 말한다. 여기 서 있는 사람 가운데 죽기 전에 하나님 나라가 능력을 떨치며 오는 것을 볼 사람이 있을 것이다.'"

〈마가복음 9:1〉

"그때 사람들은 인자가 큰 권능과 영광 가운데 구름을 타고 오는 것을 볼 것이다. 그때 인자가 천사들을 보내 택함 받은 사람들을 땅 끝에서 하늘 끝까지 사방에서 모을 것이다."

〈마가복음 13:26 - 27〉

"인자가 천사들과 함께 아버지 영광으로 다시 올 것이다. 그때 인자는 각 사람이 행한 대로 갚아줄 것이다."

〈마태복음 16:27〉

"이것에 놀라지 말라. 무덤 속에 있는 모든 사람들이 이들의 음성을 들을 때가 온다. 선한 일을 행한 사람들은 부활해 생명을 얻고 악한 일을 행한 사람들은 부활해 심판을 받을 것이다."

〈요한복음 5:28 - 29〉

"마음은 모든 법의 근본이다. 마음이 주가 되어 모든 일 시키나니 악한 일을 생각하여 그대로 말하고 그대로 행하면 죄의 고통 따르리라. 선한 일을 생각하여 그대로 행하면 복의 즐거움 따르나니 그림자가 형체를 따르는 것처럼……."

〈한글대장경 제20책 법구경(법구비유경) 151쪽 26째줄〉

"선을 행하면 복이 따르고 악을 행하면 화가 따른다. 그것은 다 저희가 짓는 것으로서 신(神)이나 용(龍)이나 귀신이 주는 것이 아니다. …(16째줄)… 왕은 그 좋은 종자를 마음속에 심었기 때문에 지금 스스로 그 결과를 얻은 것이다."

〈한글대장경 제20책 법구경(법구비유경) 151쪽 22째줄〉

"애욕아 나는 너의 근본을 안다. 너는 생각을 의지해 생긴다. 그러나 나는 생각하지 않나니 그러면 또한 너는 없는 것이다."

〈한글대장경 제9책 증일아함경 오왕품 1권 515쪽 33째줄〉

"하늘신(유대교 창조신)이 세상을 만들었다거나 저 범천(힌두교 창조신)이 만든 것도 아니거늘 그런데도 범천이 만들었다 한다면 그것은 허망한 말이 아닌가."

〈한글대장경 제10책 증일아함경 2권 347쪽 첫째줄〉

"일체 중생을 위하여 소젖을 짜는 동안이라도 사랑(慈)하는 마음을 행하면… 가장 훌륭한 보시(布施)다 …(15째줄)… 소젖을 짜는 동안이라도 사랑하는 마음을 행하더라도, 만일 어떤 이가 능히 일체 모든 법은 무상(無常)하고 괴로우며 공(空)하고, 신(神)이 아니라고 관찰하면 이것은 앞의 보시보다 훌륭한 법(法) 보시다. …(중아함경 3권 278쪽 8째줄)… 무슨 까닭인가? 우리는 우리의 신(神)이 없고 신의 소유도 없기 때문이다."

〈한글대장경 제3책 증일아함경 2권 420쪽 7째줄〉

※ 기독교인이거나 불교인이거나 모든 사람은 다 각자 자기 마음을 지니고 살아간다. 사람의 육체에 마음이 깃들어 있지 않으면 그 육체는 시신과 다를 것이 없다. 그러나 그 마음의 자체 모양이 어떻게 생겼으며 어디에 붙어있는 것인가를 물으면 대답을 하지 못한다. 그런 마음의 불가사의함과 신비로움과 형이상학적임을 설파한 불경이 있다. 그 한 구절을 여기 옮겨 본다.

"과거심은 이미 사라지고 미래심은 오지 않고 현재심이란 머무는 일 없다. 마음은 안에 있는 것도 아니고 밖에 있는 것도 아니다. 마음은 형체가 없어 볼 수 없고 만질 수 없고 나타낼 수도 인식할 수도 없다. 마음은 아직 어떤 여래도 본 적이 없고 지금도 볼 수 없고 장차도 보지 못할 것이다."

그러나 그 마음의 작용은 어떠한가?

"마음은 환상 같아 허망한 분별에 의해 여러 가지로 나타난다. 마음은 바람 같아 멀리 가고 붙잡히지 않으며 모양을 보이지 않는다. 마음은 흐르는 강물 같아 멈추는 일 없이 나타나자마자 사라진다. 마음은 번개와 같아 잠시도 머무르지 않고 순간에 소멸한다. 마음은 허공 같아 순간의 연기로 더럽혀진다. 마음은 원숭이 같아 잠시도 그대로 있지 못하고 여러 가지로 움직인다."

"또 마음은 화가와 같아 가지가지 모양을 그려낸다. 마음은 왕과 같이 거만하게 위세를 부리며 모든 것을 다스린다. 마음은 모래로 쌓은 집같이 쉽게 허물어지고, 쉬파리같이 더러운 것을 탐하여 모여들고, 낚시 바늘같이 굽어서 모든 것을 낚으려 하고, 불안하고 아름다운 꿈을 꾸며, 마음은 도적과 같아 남의 것을 보면 훔치고 싶어 하고, 마음은 불나비같이 저 죽을 줄 모르고 불 속으로 뛰어들고, 마음은 무수한 무리를 침략하는 적군과 같고, 마음은 싸움터의 북소리같이 우리를 들뜨게 한다."

이런 것이 마음이다. 그렇기 때문에 마음의 정체는 알 수 없어 찾을 수 없다.

〈불교성전 1972년 발행, 김성구 편역 376쪽 15째줄〉

"마음은 모든 성인의 근원이며, 또한 갖가지 악의 주인이다."

〈달마대사 관심론〉

사람의 마음이 사물에 물들지 않고 동(動)하지 않고 본래 가진 자기 영광을 지킬 수 있다면, 그 모습을 비유하건대 본래 법계에 충만한 비로자나불 법신이라고나 할까. 하지만 사람의 마음이 사물에 물들어 가지가지 감각과 생각에 놀아나면 어느새 일만 가지 악의 주인이 될 수 있다.

여기서 마음이 사물에 물든다는 것은 곧 번뇌에 물드는 마음이요, 탐진치에 물드는 마음을 말한다. 우리의 본래의 마음의 바탕은 번뇌에 물드는 마음이 아니었지만, 살아가면서 마음이 탐진치에 사로잡히면 번뇌에 물드는 것이 된다."

그러니까 우리가 본래 가진 마음은 부처님 마음(佛性)의 경지였지만 마음이 사물에 물드는 작용을 일으킨 이후부터 미혹한 마음을 쓰면서 살아간다. 마음은 전도몽상이 되어 마치 주인 아닌 손님이 들어와 주인 노릇하고 있는 것이다. 이것이 중생의 마음이다.

　이와 같이 신약의 모든 말씀은 구약성서와는 사뭇 다른 것 같이 느껴 동양의 불교와 같은 것이었으므로 이슬람은 천주교·기독교를 미워할 뿐만 아니라 불교까지도 저주하여 인도에 와서는 불교를 말살하는 정책을 썼다. 인도에서 불교가 멸망한 제일 원인은 이슬람교의 침입에 있다.

신약성서의 기본자료

신약성서는 마태복음·마가복음·누가복음·요한복음의 4복음서, 바울의 13개 서간, 8개의 사도서간, 사도행전, 요한묵시록의 27개 문서로 구성된다.

27개 문서 중 2세기 말에 미완의 에레나이오스가 정전으로 만든 마태와 누가는 예수의 행적을 마가를 이용해서 쓴 것이다. 이 자료는 독일의 Quelle(근원) 자료에서 근거한 것이기 때문에 Q문서 또는 "예수의 언어자료"라 부른다.

4복음서의 마가는 기원 70년경에 성립된 것이고, 마태는 80년, 누가는 90년경에 성립된 것이며, 요한은 2세기경에 성립된 것으로 모두 희랍어로 기록되어 있다.

신약에 의하면 베드로와 예수의 제자 요한이 글을 알지 못했기 때문에 당시의 성서는 유대의 전통습속 구약성서를 말했다. 또 바울과 두 제자는 소아시아 터키계 사람이었으므로 희랍어를 썼다.

바울은 처음에는 예수의 제자들과 같이 활동하였지만 할례 같은 계율문제를 부정하고 신앙 문제만 들고 나서 헤어지게 된다. 제1차 유대 전쟁(A.D. 66 - 70)이 끝날 무렵 마가복음을 세상에 내놓아 많은 죽음을 당한 유대인과 파괴된 예루살렘 위에 주도권을 잡게 되었다. 그러나 바울은 예수의 생전에 없었기 때문에 그의 학설이 공중에 떠 신화적인 것이 많았다.

그러므로 그는 예수의 직제자들과 사이가 좋지 않았고, 율법의 가치와 예루살렘 신전의 권위를 인정하지 않았으며, 예수의 생애와 가르침이나 죽음 부활에 대해서도 관심이 없었다.

그래서 기독교인들은 바울의 죄를 다음 열 가지로 들고 있다.

① 기독교를 믿기 이전에는 예수의 제자들을 박해했다.
② 환상 속에서 예수를 보고 예수의 제자가 되었다.
③ 예수의 가르침과는 관계없는 다른 가르침을 전했다.
④ 계율을 지키지 않고 제자들 모임에 혼란을 일으켰다.
⑤ 예수의 동생 야곱을 죽이려 하다가 실패하자 헤로데왕의 로마제국의 보호를 받았다.
⑥ 유대민족이 고난 받을 때 그는 편안한 감옥생활을 했다.
⑦ 사두가이파 만나르에게 예수의 제자 야곱을 죽이게 했다.
⑧ 야곱이 죽음으로써 유대민족의 제1차 전쟁이 일어나게 된다.
⑨ 로마제국 구원 전에 예루살렘이 함락됨으로써 대학살이 일어난다.
⑩ 초기 기독교 지식인 클럽을 만들어 죄 없는 이단자를 꾸민다.

기원 313년 콘스탄티누스황제가 밀라노칙령을 내려 기독교를 로마제국의 공인종교로 만들면서 민중을 지배하기 위하여 니케아의 회의에서 삼위일체론을 인정한다.

그러니까 기독교는 생전에 예수를 본 적이 없는 바울이 만든 종교로 애급의 구약성서와는 관계가 없으므로 정통 이슬람인들은 인정할 수 없다고 한 것이다.

따라서 기독교 최초의 복음서는 마가복음이 아니라 바울의 최초 편지 "데살로니가 신도들을 위한 편지"에서 시작된다는 것을 알아야 한다.

또 기독교는 예루살렘이 아니고 시리아 안토니키나에서 시작되었다. 따라서 4복음서 중

① 최초 마가복음서는 베드로의 희랍어 통역에 의하여 이루어지고 있기 때문에 예수의 출생·유년·소년시대에 대한 기술이 없다. 오직 세례 요한의 에피소드에서 시작되어 로마시민을 위해 쓰여진 포교서이므로 부활이야기는 뒤에 가서 조금 첨가된다.

② 마태복음은 베드로 제자들에 의해 유대기독교인을 위해 히브리어 아람어로 쓰였던 것으로 예수의 족보가 상세히 기록되어 있다. 따라서 예수의 처녀수태와 위반되는 점이 많고 십자가형은 신의 계획으로 꾸민다.

③ 누가복음은 사도행전의 누가가 쓴다. 누가는 시리아 안티오키아 출신 의사로 바울의 제3차 여행을 따라가 콘린트에서 썼다고 한다. 사도행전의 계보는 예수에서 다윗, 아담에 이르기까지 희랍인 로마인 등을 위해 기록되었기 때문에 유대교의 한정을 넘어 민족적인 종교가 세계적인 종교로 비약한다.

④ 요한복음은 12사도 중 요한이 아니라 소아시아와 애급에서 쓰여졌는데, 예수의 기적 속에서 세상의 고통을 구하는 것이 기본이 되어 있다. 따라서 예수의 행위보다는

그 존재를 더욱 중요하게 다룬다.

그러므로 신약성서는 신에 의한 창작품이 아니고 사람들의
연작품으로 생각하기 때문에 이슬람에서는 믿지 않는다.

보병궁복음서나 사해문서에 의하면 십자가에서 죽은 사람은
예수가 아니고 크레네인 시몬이다. 형장 골고타 언덕까지 예수
대신 십자가를 짊어지고 간 자가 시몬이었기 때문이다.

예수는 그 후 3일만에 제자들 앞에 나타나 부활극을 벌렸
다. 시몬이 죽자 시체를 거두고 마취약을 뿌려 가사상태에 빠
진 예수를 십자가에 걸었다는 것이다.

그래서 사형집행인은 그가 죽은 것으로 인정하고 그 보고
를 총독에게 올리자 총독은 그 유체를 내리라고 명령하였다.
사람들은 포도주에 담근 해면을 예수의 입에 물렸다. 예수는
그 포도주를 마시고 숨을 거둔 것으로 꾸며서 예수의 유체를
바꾸어 묘지에 넣었던 것이다. 매장 때 몸에 바른 알로에키스
는 지혈제로서 피를 멈추게 했기 때문에 살아날 수 있었던
것이다. 뿐만 아니라 예수는 무덤의 냉기 때문에 술(마취)에
서 깨어나 정신을 차리게 되었고, 그때 벗은 무덤옷이 정원지
기와 바뀌 입혀져 예수는 옷을 갈아입고 무덤에서 나왔던 것
이다.

이것은 영국의 BBS 다큐멘터리에도 "성배와 성의"라는 제
목으로 구체적으로 소개되고 있다. 그날 밤 예수는 자신을 보
호하는 신자들에 의해 로마병정들의 눈을 피하여 예루살렘 와
가바르에 가서 옷을 갈아입고 갈릴레아로 갔던 것이다. 제자

들은 사람들을 만나 죽었던 예수가 부활하였다고 선전하였다.

여기에 막달라 마리아의 공이 컸다. 그녀가 제자들에게 데리고 가 치료하였기 때문이다. 사실 빌라도도 예수를 죽일 생각은 없었다. 유대인들의 청을 거절할 수 없어서 어쩔 수 없이 돈을 받고 처형했던 것이다.

그 뒤 베드로 등 그의 제자들이 되살아난 예수를 만나 식사를 같이 한다. 영(靈)은 원래 음식을 먹을 수 없었기 때문에 이상하게 생각하였으나 예수는 유령이나 형체가 아니라고 말한다. 그러나 토마스는 끝까지 믿지 않았다.

그래서 예수는 토마스에게 십자가에서 받은 상처를 만져보게 하여 그를 확인시키고, "보고도 믿지 않는구나" 하고, "보지 않고 믿는 자는 복받을지어다" 하였다. 이것이 요한복음 20장 24 - 29까지의 내용이다.

확실히 죽은 자가 멀쩡히 되살아난 사람은 없었다. 그러나 제자들은 예수를 확실히 십자가에서 죽고 3일 후에 되살아났다고 믿었다. 믿을 수 없는 일이지만 믿어야 하는 것은 신의 은총이기 때문에 믿을 수 있었다. 그래서 2 - 3세기에 태어난 교부 테리토린 아누스는 예수의 부활에 대해서 "누가 보아도 불합리한 것이지만 불합리하기 때문에 믿어야 한다" 한 것이다.

그래서 예수는 인간으로서 승천한 최초의 사람이 되었다.

그러나 1988년 예루살렘 근교에서 발굴된 무덤에서 예수님의 유골이 발견되었고, DNA로 검증하여 틀림없다고 확증하였다.

예수가 사라진 후 그의 거처에 대해서는 세 가지 학설이 있다.

목영일 교수의 "예수의 마지막 오딧세이"처럼 인도의 카슈미르에 가서 세 번째 여인 마리온과 결혼하여 아들 하나를 낳고 제자 토마스가 지켜보는 가운데 78세의 나이로 세상을 떠났다는 학설이 있고, 예수가 동굴무덤에서 살아나 시몬의 집에 가서 그의 어머니 마리아와 함께 시봉하였는데 몸이 회복되자 두 마리아가 나귀에 싣고 에세미에서 갈릴리로 가 은둔생활을 하였는데 바울의 요청으로 그리스선교에 나갔다가 자줏빛 염료공장을 가지고 있는 왕족 리디아를 만나 딸 하나를 얻게 되었으나 의사 제자 누가에게 맡기고 떠났으며 리디아는 산후병으로 죽었다는 설이 있다.

그리고 가장 신빙성 있는 이야기는 막달라 마리아와 결혼하여 불란서로 가서 살았는데 거기서 딴타마르야 아들 유소로, 요셉을 낳았다고 한다. 1992년 프랑스 샤트르 노틀담 성당에서 막달라 마리아 것으로 추정되는 유골이 나와 그 성당을 막달라 마리아에게 봉헌한 사실이 있다.

어떻든 이와 같이 예수는 세 번 결혼하여 아이들을 다섯 명이나 두어 지금도 그 자손들이 살아있는데 십자가에서 부활하여 천당으로 올라갔다고 하니 이는 백주의 거짓말이라 하여 기독교인들을 보기만 하면 잡아죽이고 있는 것이다.

뿐만 아니라 어느 곳이나 기독교인들이 자리를 잡기만 하면 다른 사람들이 살 수 없도록 왕따를 시키고 자기들만 옳다고 하므로 이러한 사람들은 살려둘 수 없기 때문에 죽인다는 것이다.

기독교와 공산주의

기독교 공산주의는 엣세네파에서 연유된다. 로마가 애급을 점령하자 반 로마세력들은 유대사막의 요단강으로 모여들었다. 그곳에는 표고가 세계에서 가장 낮은 땅이었기 때문이다.

세상을 보기 싫어한 사람들이 그곳에 모여 세계의 종말을 믿고 극도로 타락한 유대교인들과 로마에 편승해 사는 파리세인들을 증오하며 진리를 탐구하는 사람들과, 기도를 중심으로 하는 자는 문밖출입을 거의 하지 않고 오직 공부와 기도만 하였으며, 나머지 사람들은 각기 능력을 따라 일을 하여 이들을 공동으로 먹여 살리며 재산을 공유하였던 것이다.

죄인을 물로 씻어(洗禮) 다시는 죄를 짓지 않기를 맹세하였기 때문에 예수님은 한때는 이곳에 와서 세례요한에게 물세례를 받고 그의 권속들을 가르치고 깨우쳤던 것이다. 이것이 장차 세계 곳곳에 자리를 잡고 공동생활을 하게 된 동기인데 이들의 특징은,

① 버려진 자를 보호하면서 착취자들에게 반항한다.
② 그 세력이 한데 어우러지면 버려진 자식들과 노인들을

기르고 보호하면서 그들을 강한 의지를 가진 신앙자로 길러 세상을 변화시키는 촉진제로 사용한다.

③ 장차는 그들이 일선에 나와 세력을 쥐고 그의 반대세력을 제압하며 세상을 새롭게 만든다.

④ 위대한 지도자를 중심으로 모이기도 하고 천재적인 기지로 새로운 것을 창조하기도 하며 그들 세력이 사회의 구성원으로 부각되기를 바란다.

⑤ 그리하여 장차는 반정부, 반조직사회 수장으로 나타나 사회악을 저지르기도 한다.

⑥ 기성세대를 인정하지 않고 전통문화를 혐오하고 획일적인 사고방식으로 파쇼적인 지도자를 따른다.

⑦ 전쟁 후에는 경제적인 면에서 공동작업을 하고

⑧ 조금 나아지면 복지·교육·의료사업을 통해 자신들만 혜택을 본다.

⑨ 무임금 노동으로 자신의 단체는 키워가면서도 국가 사회, 특히 자본가 경영자들에게 혜택을 주지 않아 고사(枯死)시킨다.

⑩ 그리고 자기들만 살아가는 세상을 천국이라 부르기 때문에 독일의 히틀러 같은 사람은 무지한 살인을 하였고, 중국·소련 동유럽 일대에서는 종교를 금지하는 공산주의를 선택한 것이다.

그러니 사실 이와 같은 현상은 사회의 불평등, 권력의 부조리가 씨앗이 되어 커진 것이므로 민중의 지도자가 각성하고 사회의 부를 독차지하고 있는 부호들이 각성하기 전에는 달라질 수 없다.

IS가 그냥 분기한 것이 아니고 자기네 땅에서 퍼간 기름장사들이 부자가 되고 특수 경영방식으로 자기네들만 잘먹고 잘사는 사회를 형성하기 때문에 거기에 반역하여 일어난 것이다. 그런데 그 가운데서도 특히 기독교인들이 극성을 떨고 있기 때문에 잡히는 대로 죽이는 것이다.

그들은 기독교인 하나를 죽이면 알라신의 표창을 받고, 천당이 보증되기 때문에 기독교인과 천주교도들을 저주하는 것이다. 천주교는 겉으로는 순하지만 안으로 공작대원(工作隊員)이 되어 전세계에 조직되어 그물처럼 에워싸고 있기 때문에 저주한다. 심지어는 그들 자식들을 매수하고 강제로 잡아다가 총알받이로 앞세워 테러를 저지르고 있다.

우리나라에서도 P장로교, 해와달교, ○○진리회, 유병현 회사가 생겨난 것은 우연이 아니라 사회의 불안과 고통 속에서 자연발생적으로 인해서 생겨난 것이니 그들만 나무랄 것이 아니라 국가사회가 공익사회로 달라져야 할 것이다.

무지(無知)한 민중을 상대로 유지(有知)한 지식인들이 부정부패를 저지르고 사리사욕에 눈이 어둡기 때문에 세상은 밝아져도 어두운 세계가 더욱 많게 되는 것이다.

세계 5분의 1이 공산주의를 하고 있으나 신을 배경으로 한 종교를 인정하지 않는 것은 "사람을 신의 노예로 만들고 있다"는 사실 때문이다.

최근 선진 기독교인들은 과학과 연관을 가지고 성서의 맹신을 비유와 고고학으로 밝히고 있다.

성서의 흑백

1. 천지 창조의 역사에 대하여

현대 과학자들의 자료를 근거로 한 세계사를 보면

① B.C. 145억년 우주가 탄생하고

② B.C. 46억년 태양과 지구가 생겼으며,

③ B.C. 45억년 달이 탄생하고

④ B.C. 39억년 생명이 탄생하였다고 한다.

그리고,

⑤ B.C. 1500만년 라마피테쿠스가 출현하고,

⑥ B.C. 250만년 구석기시대가 시작되었으며,

⑦ B.C. 40만년 불을 사용하고

⑧ B.C. 6만년 크로마뇽인이 출현하였으며,

⑨ B.C. 4만5천년 빙하기가 시작되고

⑩ B.C. 4만년 호모사피엔스가 출현하였으며,

⑪ B.C. 1만5천년 최초 농사가 시작되고

⑫ B.C. 1만년 중석기시대가 이룩되었으며,

⑬ B.C. 6천년 신석기시대
⑭ B.C. 3천년전 청동기시대가 생겼는데,

유대민족의 구약성경에서는
⑮ B.C. 4004년 여호와가 천지를 창조하였고
⑯ B.C. 4000년 도시가 형성되었으며,
⑰ B.C. 3300년 이집트문명이 시작되고,
⑱ B.C. 3200년 문자가 발생되었으며,
⑲ B.C. 2500년 인더스문명이 발흥하고,
⑳ B.C. 2348년 노아의 방주가 생겼다고 기록하고 있다.

여호와는 유대민족의 민족신이고, 아담은 유대민족의 조상이었는데, 어느 땐가 인류의 조상, 세계의 창조신으로 둔갑시켜 가르치고 있으니 정신병자가 아니고서야 어찌 이 사실을 믿을 수 있겠는가.

그런데도 이 사실을 믿고 따르는 사람이 전세계 인류의 3분의 1이 넘고 있으니 무지한 사람에게는 불량식품도 돈받고 파는 세상이 되어 있는가 보다.

"'나를 믿지 않는 다른 종교인은 돌로 쳐서 죽이라.'

〈신명기 13:6-10〉

"조롱 당하면 여호와의 이름으로 저주하여 찢어 죽인다."

〈열왕기 하 2:23-24〉

하였으니 어찌 그 말을 믿지 않고 지옥 가는 것을 선택하겠는가. 이것이 IS와 기독교인들이 믿고 있는 성서이다.

그러나 이것은 당시의 풍습과 신학에 따른 것으로써 현대에는 새롭게 성서를 풀이해 가고 있다.

성서에서 아담과 이브를 창조하기도 전에, 이미 다른 곳에서는…

사회계급이 분화된 국가체제의 모습　　원정에 나선 군대의 모습
수메르 우룩의 도자기, BCE 5500년경　수메르 점토판, BCE 4500년경

다양한 민족들, 이들 모두가 아담의 후손인가?

Nubian 2000 BCE　　Camaanite 1800 BCE　　Assytian 2100 BCE　　Northern Hanite 2200 BCE

Tartar 1800 BCE　　Negro 1600 BCE　　Asiatic 2200 BCE　　Hebrew 800 BCE

이교도에 대한 학대

그뿐이 아니다. 여호와 하나님께서 말했다.

"네 동포·형제·자녀·친구·아내가 다른 신·다른 민족·조상을 말하며 가서 섬기자 하면 긍휼히 보지 말고, 애석히 여기지도 말며, 덮어 숨겨주고 용서하지도 말고 그를 돌로 쳐서 죽이라. 여호와 이외 다른 신을 섬기고자 하는 자는 그의 부모·형제·자식·동포·친구까지도 모조리 쳐서 죽이라."

〈신명기 13:6-11〉

그러므로 "믿느냐? 믿지 않느냐?" 물어 답변이 없으면 그 자리에서 칼로 쳐서 죽이고 그 시체를 사나운 산짐승들에게 먹이라. 이것이 여호와의 지엄한 명령이다.

"너희들은 성스러운 백성들이니 병들어 죽는 것들은 먹지 말고, 성중에 사는 객들에게 주어 먹게 하거나 이방인들에게 팔아라."

〈신명기 14:21〉

불량식품을 자신의 교도들에게는 못 먹게 하면서 남에게 팔으라고 교사한다. 또,

"여호와 신이 히브리의 초대왕 사울에게서 떠나 악신이 들어가게 하여 단창을 가지고 세상을 어지럽게 하여 그 죄값을 사울에게 주어 비참하게 죽게 하고, 또 애급왕 바로에게 나쁜 성품을 보게 하여 여호와 뜻을 거역 애급백성들 전체를 열 번이나 도륙하는 재앙을 당하게 하였다."

〈사무엘 상 16:14, 19:9, 출애급기 10:27〉

여호와의 선지자 사무엘이 말했다.

"네 칼이 여인들을 무자(無子)케 한 것같이 여읜 줌에 네 어미가 무자하리라."

하고 그가 길갈에서 아각을 찍어 죽였다.

〈사무엘 상 15:33〉

이상의 이야기들은 이스라엘 사울왕과 아말렉 아각왕 사이에 벌어진 전쟁이야기다. 포로로 잡아온 아각왕을 사무엘이 칼로 찍어서 쪼개 죽였다는 것이다.

이 전쟁은 이스라엘이 먼저 아말렉으로 쳐들어가 발발한 전쟁이다. 전쟁이 일어나면 청년들이 많이 죽게 되므로 여인에게는 아들이 없게 되어 무자(無子)가 되는 것이다.

이를 보면 전쟁의 원인은 바로 여호와에게 있는데도 그 결과를 사람들에게 돌리고 있다. 여호와를 거절하는 자들은 여호와를 이렇게 저주하였다.

이에 영향을 받아 신약성서에서도 그들은 저주한다.

"나를 믿지 않는 자는 풀무불에 떨어지리라."

"네가 이 세상에 온 것은 화평이 아니라 칼을 주기 위함이다."

〈마태복음 13:42, 10:34〉

"어떤 성에 접근하여 치고자 할 때는 먼저 화평을 맺자고 외치고 약속이 이루어져 문을 열면 그 안에 있는 백성들을 노무자로 삼고, 그래서 약속한 화평이 깨지면 성을 공격하여 남자는 쳐죽이고 여자와 아이들, 가축 등 성안에 모든 것들을 전리품으로 차지하라. 근처 성을 제외한 멀리 있는 모든 성은 모두 정복하여 이스라엘 근처에는 숨쉬는 것은 하나도 살려두지 말라."

〈신명기 20:10 - 17〉

이렇게 하여 헷족·아모리족·가나안족·브리스족·히위족·여부스족을 씨도 남기지 않고 멸망시켰다. 무지막지한 폭력배들도 이렇게 하기는 어려운 것이다.

이렇게 해서 기독교인들은 남미·아프리카 원주민들이 씨도 없이 말려버렸다. 거기서 남은 여인들이 백인들과 합쳐진 것이 메스티조족·인디오족이다.

타종교 바알의 목상을 헐고 당을 파괴하여 화장실을 만든 것이 지금까지 전해져 오고 있다.

〈열왕기 하 10:27〉

이 같은 현상은 남미, 아프리카에서만 볼 수 있는 것이 아니다. 도교 사원이나 유교의 묘(廟), 불교의 절들이 그렇게 해서 부셔졌으며, 단군상도 그렇게 해 목이 잘리고 몸이 흙가루가 되었다.

"너희들은 믿지 않는 자들과 혼인하지 말라. 빛과 그림자가 어찌 같이 할 수 있겠느냐."

〈고린도후서 6:14〉

"이렇게 해서 이스라엘·유대 및 에돔 군대들이 연합하여 이웃나라 성읍을 쳐서 헐고 그들이 농사짓는 밭에다가 돌을 던져 농사를 짓지 못하게 하고, 샘을 메우고 물매군들을 보내 좋은 나무들을 모두 베게 하였다.

〈열왕기 하 3:25, 8:11 – 13〉

"너희가 내 말을 듣지 않고 반항하면 나는 크게 노하여 너희들과 맞설 것이며, 너희 죄는 일곱 배로 커져 아들 딸의 살을 먹으리라."

〈레위기 26:27 – 29〉

이렇게 성서에는 죽이라(275), 진멸하리라(104), 전멸하리라(85), 노략하라(92), 칼날로 쳐 죽여라(50) 하는 말이 수십 수백 군데 나오고, 음담패설·사기행각이 수없이 나오고, 무지막지한 비논리적인 이야기가 수없이 나온다.

인류역사 속에 이렇게 잔인하고 지저분하고 악독한 바이블은 이 경밖에 또 다른 경은 없을 것이다.

몸에 흠이 있는 자는 누구도 성당을 가까이 할 수 없이 경계하였으니 모세가 일렀다.

"무릇 너희 자손들 가운데 육체에 흠이 있는 자는 여호와에게 식물을 가까이 드리고 예배하지 못하게 하라. 말하자면 시각장애인·절뚝발이·코 찌그러진 자·팔다리가 더한 자·손발 부러진 자·곱사등이·난쟁이·눈에 백막이 있는 자·괴혈병환자·버짐이 있는 자·불알이 상한 자 등이다."

〈레위기 21:17 – 20〉

그래서 이와 같은 사람들은 중동지방에서는 성한 사람들과 가까이 하지 못하고 군인으로서 일생을 전쟁에 종사하다 가게 된 것이다.

그래서 열왕기(2:23, 24)에 엘리사가 길을 갈 때 어린아이들이 성에 와서 "대머리여 올라가라 올라가라" 조롱하는지라 그가 여호와 이름으로 저주하니 즉시 암곰 두 마리가 나타나 아이들 중 42명을 찢어놓더라 하는 말이 쓰여지게 된 것이다. 그러므로 이 교에 세례된 자가 있으면 지위고하를 막론하고 정신세계가 온전히 될 수 없는 것이다.

대부분 모든 궤변·허구·저주·악담·설욕이 늘어져 있으니 조심해야 한다. 사람은 한 번 보고 느끼면 흉내내고 그것을 연습하는 재주를 가지고 있기 때문이다.

반대로 좋은 말도 많다.
"원수를 사랑하라(7×70번), 용서하라, 범사에 감사하라."
그래서 기독교의 여러 종파와 IS에서도 유네스코에 가입하여 세계평화에 기여하는 국가도 많이 늘어나고 있다.

학자들의 비판

그래서 러시아의 문호 톨스토이는 그의 참회록에서,

"하늘나라라는 허상의 그물에 걸려있는 동무들아……."

하고 외쳤다가 러시아 교회측으로부터 파문을 당했던 것이다. 말년에 그는 억만장자의 백작으로서 모든 것을 버리고 출가하여 돌아다니다가 어느 시골 기차역에 앉아 열반하였다.

극작가 조지 버나드 쇼(1856 - 1950)는,

"멀쩡한 사람은 이 교의 신자가 되어 행복하다는 소리를 할수가 없다."

하고, 노벨문학상을 받은 헤밍웨이는

"생각할 줄 아는 자는 이 신을 믿을 수 없다."

하였으며, 미국 혁명가 토마스 페인도 말하였다.

"구약에서 배울 수 있는 것은 살인기술 뿐이다."

"모세의 우상"을 쓴 종교학자 안성호는 성경을 "인류 최대의 악서"라 하였고, 민희식 교수는 "성경은 성서학자들의 창작이 아니라 수메르·이집트·가나안·다신족의 음담패설과 전쟁사, 악랄한 저주를 다 모아 놓은 책"이라고 논술하였다.

노벨문학상을 수상한 수학자이자 철학자 버트런드 러셀은
"내가 아는 한 성서 속에는 지성을 찬미하는 단어가 하나도
없다."
　　고 하였고, 시인 공석하는 "성경은 사술(邪術)·무속(巫俗)
·패악에 대한 말로 점철되어 있는 악의 책"이라 하였다.

　　또 과학자 아이작 아시모프는,
　　"누구나 이 책을 읽으면 무신론자가 아니될 수 없다."
　　하였고, 철학자이자 문인 볼테르도
　　"기독교에서 배울 수 있는 것은 파렴치한 귀신들의 장난 뿐
이다."
　　하였으며, '곰돌이 푸'를 지은 영국의 작가 A.A 밀른은
　　"구약성서야말로 다른 어떤 책들보다 무신론, 불가지론, 불
신앙을 불러온 장본인이다."
　　라고 하였다.
　　오죽하면 도올 김용옥씨는
　　"이는 성경도 아니고 하나님 말씀도 아니다."
　　하였겠는가.

　　노벨상을 받은 물리학자 아인슈타인은,
　　"성경은 명예롭지만 상당히 유치하고 원시적인 전설들의 집
대성이며 아무리 치밀한 해석을 덧붙이더라도 이 점은 변하지
않는다."
　　했으며, 실학의 원조 이익도
　　"황당무계한 말장난에 불과하다."
　　하였다. 노벨상을 수상한 영국의 생물학자 프렌시스 크릭은

"지구의 나이와 화석기록에 대한 지식을 갖추고 있는 지식인이라면 이를 믿을 수 없는 문자유희"라 하였고, 또 독일철학가 니체도 '안티크리스트'라는 책을 저술하였을 뿐 아니라 여러 책에서 성경을 비판하고

"맹목적인 믿음은 거짓보다 위험한 진실의 적이다."

라고 하였고 미국의 전 리벌러 대학총장 T. B. 워크맨은

"성경에서 도덕을 찾는다는 것은 마치 지구의 가장 아래 지층에서 사람의 뼈를 찾는 것과 같다."

하였다.

미국의 사상가 존 렘스버그는 "세상의 모든 악과 범죄를 타당하게 여긴 책"이라 평가하였다. 그래서 교회 안에서 성경을 가르치는 사람들은 '거짓말 · 사기꾼 · 도둑 · 강도 · 살인 · 침략전쟁 · 사람고기   먹기 · 마술 · 노예제도 · 일부다처주의 · 간통 · 매음 · 외설 · 방종 · 부랑 · 무지 · 몰지각 · 부당행위 · 몰인정 · 동물학대 · 폭악 · 학정 · 무자비 · 박해를 가르치는 사람들이라고 하였다. 왜냐하면

"병신은 교회에 나오지 못하게 하고"〈레위기〉

"다른 신을 섬기는 자는 쳐 죽이라 했으며"〈출애굽기〉

"결혼하여 마누라가 처녀가 아니면 돌로 쳐 죽이라 하고"
〈신명기〉

"남자를 모르는 처녀를 제물로 바쳐야 효력이 있다 하고"
〈민수기〉

"아비와 자식이 사랑한 이야기가 부끄럼 없이 나오고"
〈창세기〉

"인류역사가 6,000년 밖에 되지 않는다고 하고"〈창세기〉

"곤충다리는 네 개 뿐이라 하고"〈레위기〉

"번개는 야훼가 직접 손으로 쏜다고 하고"〈욥기〉

"예수는 가족을 분열시키기 위해 이 세상에 왔다는 무서운 소리를 하며"

"부모와 자식 형제·자매 자신까지도 미워해야 예수의 제자가 될 수 있다고 하였으며"〈누가복음〉

"예수를 사랑하지 않으면 저주가 있다고 공갈 협박하고"〈고린도전서〉

"남녀의 성기를 만지면 손을 자르라."〈신명기〉

"하나님은 스스로를 질투하는 유치한 신이라서 자기를 싫어하는 자는 3대까지 그 죄가 간다고 협박한다."〈출애급기〉

그러나 이런 나쁜 말만 보지 말고 좋은 말을 보라.

"남에게 대접 받고자 하면 남을 대접하라."〈마태복음 7:21〉

"형제 중에 지극히 작은 자 한 사람에게 한 것이 곧 내게 한 것이다."〈마태복음 25:40〉

"부자가 천국에 가는 것은 낙타가 바늘구멍으로 들어가기보다 어려운 것과 같다."〈마태복음 19:23-24〉

"있는 자가 없는 자를 도와야 천당갈 수 있다."〈누가복음 19:8〉

이 얼마나 거룩한 말인가. 어떠한 종교와 사상도 초창기에 있어서는 완전할 수 없다. 신도 실수가 있는데 하물며 사람이겠는가. 그러나 중세 십자군전쟁은 참으로 비참했다.

십자군전쟁의 실상

1. 이슬람의 최전성기(11세기~12세기)

유스타니우스 1세가 죽은 지 30년 후 아라비아에서는 헤지라가 시작되었다. 그 후로 무함마드의 뒤를 이은 칼리프와 그 후손들은 계속해서 늘어나고 있다. 비잔티움 제국을 위협하고 있었다. 그리고 잘 나가던 사산조 페르시아를 원샷 원킬시킨 후 탈라스에서 중국과 한 판 싸웠을 정도로 성장한 세계제국이 되었다.

그리고 호라산에서 시아파 아바스 왕조가 새로 일어나 순니파 옴미아드 왕조를 멸망시켜 옴미아드 왕조에서 살아남은 유일한 왕자가 스페인에서 도망쳐온 후 옴미아드 왕조를, 이집트에선 파티마의 후손을 자처하는 사람들이 나와 이집트 지방에 파티마 왕조를 세웠다.

이렇게 3국으로 분열된 동안 북방에서 셀주크투르크가 등장한다.

2. 셀주크투르크 제국(1092년경)

10세기경 볼가강 유역에 셀주크라는 수장이 볼가강(다게스탄 ; 러시아 사이에 있는 강)을 건너 1037년 셀주크의 손자 차그리 베그와 토그릴 베그는 1037년 가즈니를 공격한 후, 1055년 바그다드를 정복하고, 1063년 대부분의 이슬람 제국 영역을 차지한다.

이때 1071년의 만지케르트 전투에서 비잔틴을 짓밟고 아나톨리아를 완전히 정복하여 비잔틴 제국에게 큰 타격을 입혔다. 결국 비잔틴은 밉지만 같은 기독교인 서유럽에 지원을 요청할 수밖에 없어 서유럽의 원군들과 함께 활동한다. 이렇게 해서 진짜 잔혹한 전쟁이 시작된다.

"그 수많은 시체더미는 혐오감을 느끼지 않고는 바라볼 수 없었다. 길거리 곳곳은 잘려나간 몸들로 뒤덮였고, 흘러나온 피로 홍수를 이루었다."

〈스파르타의 전쟁과 기욤드티르, 예루살렘 점령 중〉

3. 정의의 성전탈환

비잔틴 제국의 황제는 교황에게 지원을 요청했고, 교황 우르바노 2세는 즉시 가톨릭을 믿는 국가 모두에게 참전을 호소했다. 카노사의 굴욕 이후 나날이 강해진 교황은 각국에서 오는 군대에게 공격 방향을 예루살렘으로 잡았다.

그래서 1096년 가을 평민 십자군의 콘스탄티노플 약탈이 생기게 되었다. 1096년 8월말 추수가 끝난 시점부터 평민 십자군이 결성되어 가는 곳마다 약탈해가며 겨우겨우 콘스탄티노플로 도착한다. 중간에 살던 비잔틴 주민은 먹여주고 재워주고 할 것 다 했건만 평민 십자군이 보답해 준 것은 약탈과 학살이었고, 수도 콘스탄티노플에서도 똑같이 되풀이 되었다. 그리고 가는 곳마다 지게 된다.

그리고 안티오크를 공격할 때에는 어느 정도 꾀를 짜냈다. 순례자 행렬로 가장해서 들어가자마자 학살하고, 곧이어 예루살렘으로 가게 되는데 지도나 사기나 형편없었기 때문에 거의 불가능에 가까웠다.

4. 막장의 십자군

1098년 기사 보두앵은 1098년 3월에 에대사 부근에 국가를 하나 세운다. 그리고 김칫국부터 마신다더니, 예루살렘에 닿기도 전에 누가 점령한 도시를 맡을까 협상한다. 그리고 안티오크, 케르보 같은 목조 망루(望樓)나 끝없이 솟아 있는 성벽은 서유럽에 없는데다가 보급도 미미해지기 시작한다.

여기에다가 예루살렘으로 가는 지름길이 열렸는데도 시간을 허비해버려 셀주크투르크 군대가 막아버리게 된다. 그리고 병사들의 지휘관이 조약에 따라 주인이 된 비잔틴 부대를 철수시켜 버리는 등 막장으로 치닫는 군대가 되어버렸다.

그리고 타푸르 부대라는 광신도들을 조직해 몽둥이 하나만 들고 회교도들을 공포로 몰아넣는 특수부대를 만들었다. 이들이 한 짓이 뭐냐하면, 길을 가다 지나가는 회교도들을 마구잡이로 죽이고, 뼈와 살을 분리한다든가, 심지어는 인육까지 먹었다.

5. 예루살렘의 점령과 왕국건설

십자군 제후들이 도시를 잡아먹어서 재물들을 혼자 독차지할까봐 걱정한 평민 십자군은 함락하는 즉시 싹싹 털어 모든 재물들을 긁어모았다. 그러면서 1년 이상 빈둥거리다가 제후들을 종용해 투르크인의 세력이 약한 쪽을 공략해 들어갔다. 그래서 이슬람들은 그 때부터 한 손에는 칼, 한 손에는 코란을 들게 되었다.

1099년 드디어 십자군은 우여곡절 끝에 예루살렘에 도달한다. 몇몇은 그 자리에서 무릎을 꿇었다.
"신의 뜻대로."
예루살렘을 공격하였다.
그리하여 십자군은 6월13일 예루살렘을 기습공격하기로 했지만 사다리가 없는 관계로 실패하고, 6척의 제노바 함대와 4척의 영국 함대가 자파에 정박했다는 소식이 들려와 목재와 목수들을 보내왔다.

하지만 1만2천명으로 줄어든 프랑크 십자군은 포위당해 공식적으로 단식을 선포하고 성벽 주위를 돌다가 7월10일 공격을 감행해서 15일에는 함락, 학살을 시작한다. 그 2주 동안의 잔인한 학살 기간 동안 살아남은 이슬람교도들과 유대인들은 얼마 안 되었고, 이슬람교도들만이 다마스커스로 도망갈 수 있었다. 그래서 유대인은 노예로 모조리 팔려나갔다.

십자군이 목적을 달성하자 이슬람 국가들은 예루살렘에서 이교도들에게 동족이 살해당했다는 것에(예루살렘 함락과는 관계없이) 분노해 공격해 올 것을 대비하여 영주들을 뽑아 국가를 만들었다.

그리고 이민의 재개로 또 다른 영주들을 만들었다. 문제는 귀족들이 왕과 제후들의 군사력 증강에 제동을 건 것이다. 그리고 성전기사단과 구호기사단이 왕권을 압박하기 시작했다.

6. 지하드

1130년대부터 이슬람세계에서는 광신적이고 야만적인 프랑크족(십자군)에 분노하고 정착에 완강하게 저항한다. 프랑크족은 1135년 다마스커스 공격에 실패하고, 북부의 라틴 국가들은 영토의 절반을 정복당했다. 그리고 비잔틴의 왕 요하네스 2세가 나타나 아나톨리아에서 투르크군을 격퇴, 안티오크에 대한 종주권을 인정받는다.

이렇게 급변하게 흘러가는 동안, 이슬람 세계에서는 드디어 성전이라는 개념이 생기게 된다.

2차 십자군은 교황이 아닌 성베르나르두스라는 주교가 설파하고 프랑스 왕 루이 7세와 독일 황제 콘라트 3세를 비롯한 여러 군주들과 2만5천 명의 대군이 진격했지만, 소아시아와 연안지대를 따라오는 적들에게 공격당한 끝에 5천명 밖에 남지 못했다.

그리고 예루살렘에서 다마스커스를 향해 전진하라는 말에 설득 당해 1148년에는 독일이, 1년 후에는 프랑스 군대가 몰살당한다.

누레딘은 다시 주요 도시들을 이슬람의 손으로 탈환시킨다. 그리고 백작령 국가들은 몰락한다. 비잔틴 제국은 안티오크를 다시 돌려받는데, 1160년 이후로 시리아를 넘어 대부분의 팔레스타인 지역을 장악하고, 1170년에는 모술·상이라크·터키까지 이르고, 비잔틴의 아르메니아 제후들과 프랑크족 사이에 일어난 전투에 개입해 성전기사단으로부터 몇몇 지역을 빼앗는다.

이집트는 파티마 왕조가 8~11세기에 장악한 곳으로 12세기부터 점점 쇠퇴해 가고 누레딘의 부하 시르쿠가 도망쳐온 재상 샤와르의 뜻에 따라 공격하지만, 샤와르가 시르쿠와 충돌하게 되어 프랑크족에게 도움을 청한다. 이때 예루살렘의 아모리왕은 빌베이스에서 시르쿠를 포위 공격, 카이로까지 진군한다.

누레딘도 트리폴리 백작령을 습격했지만 후퇴했다. 그리고 아모리는 1168년 이집트를 정복하기 위해 비잔틴과 협상 끝에 전진한다. 그 사이 샤와르는 누레딘·시르쿠와 새로 평화조약을 체결한다. 그리고 1169년 1월 시르쿠와 조카 살라딘이 바람처럼 나타나 카이로를 포위하고 있던 프랑크 십자군은 물러난다. 십자군에서 풀려난 이집트는 이제 살았다 싶었지만 시르쿠가 죽고 조카 살라딘이 이집트를 집어삼켜 버린다. 이제 살라딘의 전성시대가 시작된 것이다. 가장 알려진 십자군의 영웅 리처드 2세와 살라딘의 승부가 시작된다.

살라딘은 90년만에 공성병기들을 동원해 예루살렘을 탈환한다. 그 예루살렘의 탈환을 위해 그레그리오 8세는 3차 십자군을 모집, 그 유명한 사자왕 리차드와 존엄왕 필립(빌리가 아님), 붉은 수염 바르바로사 1세가 참가한다. 하지만 문제는 1190년 바르바로사 왕이 심장마비로 죽었고, 필립은 1191년 아크레 탈환 후 바로 프랑스로 귀환, 남은 건 리차드 뿐이었다.

이 왕마저도 점령을 포기하고 순례자들의 자유로운 순례를 허용하는 조건으로 평화협상을 하고 바로 철수했다.

7. 4차 십자군과 몽골군

교황 인노첸시오 3세는 이집트를 목표로 4차 십자군을 결성해서 출병했다. 하지만 선단(船團)을 수송하기로 한 베네치아는 8만5천 마르크와 자리를 되찾아 주겠다는 조건을 걸었는데, 이때 베네치아령이던 이 도시를 헝가리가 공격해 빼앗았기 때문이다. 그래서 1주일 만에 공격해서 함락시켜버리자 교황은 파문(破門)되었다. 같은 가톨릭 국가를 공격하니 이제 종교적 이유는 없어진 것이다.

이런 공황에 빠진 십자군에게 단비같은 새로운 요청이 들어왔다. 비잔틴 왕자 알렉시우스 앙겔루스가 빼앗긴 아버지의 자리를 되찾기를 원하자 제위를 되찾아 주면 1만5백 명의 대부대를 보내주고, 20만 마르크를 지불하고 동서교회를 통합하겠다는 제안을 했다. 동방과의 무역도 필요했던 베네치아는 바로 응해 콘스탄티노플로 나갔다.

1203년 6월 4일 십자군 선단은 드디어 비잔틴을 공격한다. 이때 비잔틴 제국 치하의 무능한 통치에 매우 약해져 있었고, 한 달 간 십자군은 공격을 시작한다. 그리고 본래의 목적인 알렉시우스와 아버지 이사키우스를 공동 황제에 세운다. 문제는 이 사람들이 약속을 지켜주지 않았다는 것이다. 도망친 알렉시우스 3세가 다 털어갔기 때문이다. 설상가상으로 1204년 폭동이 일어나 황제 부자가 다 죽었다.

마침내 십자군은 공격을 시작한다. 4월9일 함락되자 5월까지 약탈을 시작해 학살과 함께 경건한 성소까지 쳐들어가 중요한 물품 등을 빼앗아 갔다.

5차, 6차, 7차 십자군을 살라딘은 계속해서 압박하고, 한번 얻어터진 십자군은 탈선해 콘스탄티노플을 점령한다. 그리고 40년 후엔 발칸반도의 국가들이 거의 비잔틴에게 멸망당하고 만다.

이렇게 제대로 한 게 없어진 십자군은 이집트를 공격하고, 처음에는 성공했지만 아이유브 왕조의 예루살렘 왕국의 재건 요청을 거절하고 이집트에 프랑크 국가를 세우기 위해 공격하지만 실패한다.

제5차, 제6차 십자군은 황제 프리드리히 2세가 예루살렘을 협정으로 되찾는다. 이슬람 세계의 동쪽인 화레즘 왕조가 몽골에게 짓밟히고 바그다드가 함락될 위기까지 놓였을 때 말이다. 그리고 조약의 내용을 보자면 오마르 모스크와 알아크사 모스크(이슬람 성지)는 이슬람의 손에, 성묘 같은 기독교 성지는 기독교의 손에 들어간다는 내용이지만 알 카밀의 후계자들이 분열되어 화레즘의 망명군대와 함께 예루살렘이 이슬람에게 점령당하면서 흐지부지 된다. 이윽고 교황 인노켄티우스 4세가 7차 십자군들을 조직해 프랑스의 성왕 루이가 맡게 된다.

이번엔 3천명 이상의 기사들이 동원되는 등 이슬람에게는 꽤나 위협적일 수도 있지만, 십자군은 완패하고 루이는 이집트에서 대패해 포로로 잡혀 40만 베잔트(당시 화폐단위)란 몸값을 치르고 풀려난다. 그 사이 이집트에서는 맘루크 왕조가 탄생한다.

몽골은 1281년 이집트까지 공격하지만, 바이바르스가 이끄는 맘루크 군대에 의해 아인 잘루트에서 대패한다. 이제 십자군은 동맹을 할 상대도 없어졌다. 1291년 아크레가 점령, 성전기사단의 성채가 함락되고 예루살렘의 왕은 키프로스만 다스릴 뿐이었다.

이제 그 십자군 전쟁의 실체를 보면 다음과 같다.

십자군은 흔히들 용감하고 성스러운 신의 군대로 인식한다. 자기희생적이기 때문이다. 정의와 진리를 수호하는 군대란 인식을 가지고 있다. 십자군 전쟁은 실제 1096~1270년까지 8차례에 걸쳐 이루어졌다. 명분은 예루살렘 탈환의 성스러운 임무였지만, 1095년에 비잔틴 황제 알렉시우스 콤네누스가 교황청에 지원을 호소한데 이어, 이에 대한 대답으로 교황 우르바누스 2세는 최초로 십자군을 제창하였다. 명분은 예루살렘에 사는 기독교인을 보호한다는 명목이었다.

그리고 유럽의 기독교인들이 예루살렘 성지순례를 마음대로 할 수 있게 한다는 명목도 있었다. 그러나 실제적으로 당시에는 이슬람 특유의 관용적인 종교정책으로 예루살렘 안의 기독교 성지들은 존중 관리되고 있었으며, 유럽 각지에서 방문하는 것도 큰 문제가 없었다.

그런데 십자군은 시작부터 도덕적으로 큰 문제가 있었는데, 교황이 십자군을 모집하면서,

① 종군자의 가족과 재산은 교황이 보호해준다.
② 종군자의 모든 죄는 사함을 받을 수 있다.
③ 형무소에서 복역중인 자가 종군하면 세상의 법적인 죄와 종교적인 모든 죄도 사함을 받는다.
④ 종군자의 빚은 탕감되고 하나님 나라에 갈 수 있다.
⑤ 동방에서는 성자의 유골·금은보화·미녀가 많으니 전리품으로 얼마든지 가져올 수 있다.

요약하면 어떤 짓을 하더라도 십자군으로 참여하면 모든 것들을 용서받고, 천국으로 갈 수 있다는 얘기다.

당시 성서는 라틴어로만 씌어 있었는데, 사람들은 라틴어를 잘 사용하지 않아 모든 것이 신의 이름으로 거래되었다. 그래서 모두가 신의 이름으로 조정되었다.

다음 약탈·살육을 일삼아 온 십자군은 우리가 생각하는 성전(聖戰)의 의미 보다는 보물 찾기 운동이었다. 더구나 기독교인 아니면 모두 야만인이라는 생각으로 약탈과 살육을 일삼았던 무리들이었으며, 기독교인을 보호하는 명분인 전쟁이 기독교 국가까지 공격하는 어처구니없는 일들이 일어났다.

유럽의 기독교 지도자들은 성전을 촉구하면서 예루살렘에는 많은 보물이 있다고 선전하였다.

1차 십자군 성전 수행이라는 명분 아래 예루살렘으로 가는 도중 물자가 부족한 십자군은 헝가리 등 동유럽 등에서 약탈을 일삼았으며, 헝가리에서는 유대인 학살도 저질렀다. 이에 이슬람과 맞붙기도 전에 성난 헝가리인들에게 전멸 당한 십자군도 있었다.

1099년 예루살렘에 입성한 십자군은 이슬람의 관용정책과는 반대로 어린이·여자들을 포함한 유대교와 이슬람교도 대부분을 학살하였고, 이슬람 사원도 모두 파괴하였다. 심지어 이슬람교도들이 죽기 전에 금은보화를 삼켰다고 소문을 내고, 죽은 이교도들의 배를 가르고 요리해 먹었다.

1098년 마라가 함락되었을 때,

"사흘에 걸쳐 10만 명 이상의 사람들이 죽어갔고 많은 이들이 포로로 잡혔다."

〈이븐 알 아시르〉

"마라에서 우리들은 이교도 어른들을 커다란 솥에 넣어 삶았다. 또 그들의 아이들은 꼬챙이에 꿰어 불에 구웠다."

〈라울 드 카엥〉

1099년 예루살렘이 함락되었을 때,

"성지의 주민들이 죽어갔다. 프랑크인들은 7일간 사람들을 학살했다. 아랍인들은 서유럽 사람들을 프랑크인으로 불렀다. 알 아크사 사원에서 그들은 7만이 넘는 주민을 죽였다."

〈이븐 알 아시르〉

"많은 이들이 죽었다. 프랑크인들은 유대인들을 그들의 교회에 몰아넣고 산 채로 태워 죽였다. 또한 성스런 유적들과 아브라함의 무덤을 파괴하였다. 아브라함에게 평화가 있기를…"

〈이븐 알 칼라니시〉

십자군의 실상은 아래의 이미지가 더 어울린다.

십자군 전쟁이 전반적으로 추악했지만, 이 중 가장 추악한 것은 4차 십자군 전쟁이었다. 4차 전쟁은 예루살렘이 아닌 이슬람교의 본거지인 이집트 공략을 목표로 하였다. 십자군은 3만명 모집을 목표로 진행하였으나 1만명 정도밖에 모집되지 않았다. 이때 십자군은 돈을 받고 참여하는 것이 아니라 돈을 내고 참여하였다.

3만명이 도하할 배와 물자들을 베네치아로부터 받은 십자군은 베네치아에게 지불한 금액이 턱없이 모자랐다. 이에 베네치아는 십자군에게 같은 기독교 국가인 헝가리 왕국을 공략하는 조건으로 빚을 탕감하기를 권유하였고, 이에 십자군은 망설임 없이 같은 기독교 국가인 헝가리를 공격하였다.

그 다음은 약속된 금액을 지불하지 않은 동로마제국의 수도 콘스탄티노플을 점령하고, 그곳에서는 십자군에 의한 학살과 방화·약탈이 벌어졌다.

콘스탄티노플에서는 수많은 문화재와 예술작품들이 파괴되고 약탈되었으며, 성직자는 살해되고 성소는 희롱당했다. 이미 십자군은 신의 징벌도 두려워하지 않는 악한들이 되어 버렸다. 약탈 이후 십자군은 멋대로 라틴제국을 세워 그 황제에 보두앵이 앉았으며, 동로마제국의 영토는 베네치아와 몬페라토 등의 제후국에게 분할되었다.

이 소식을 들은 교황 인노첸시오 3세는 격노했지만 어쩔 수 없이 이를 승인했다. 십자군의 창설 제의를 한 동로마제국이 십자군에 의해 약탈되고 점령당하는 어처구니없는 일들이 발생하였다.

1212년 소년십자군이 종교적 신념과 낭만주의에 가득찬 프랑스와 독일의 10대 소년이 자발적으로 결성한 5만 명이나 되는 소년십자군은 프랑스 남부의 마르세이유에서 7척의 배를 타고 출발하였다.

그들을 수송한 선주는 소년십자군을 예루살렘이 아닌 이집트의 알렉산드리아로 수송하였으며, 이들은 그대로 노예로 팔렸다.

1251년 자생십자군은 양치기와 농민으로 구성하여 프랑스 전역에서 유대인과 양민을 대상으로 살육과 약탈을 일삼다가 프랑스 군대에 의해 격퇴 당했다.

이처럼 200년 정도 진행된 십자군 전쟁은 성지회복이라는 명분 아래 실질적으로는 살육·약탈·강간 등으로 얼룩진 전쟁이었으며, 이슬람의 수많은 문화재들이 파괴 당하는 아픔을 겪었다.

또한 이교도만을 목표로 했던 것도 아니고, 재물에 눈이 멀어 기독교 국가를 공격하고 심지어 동로마제국까지 점령한 전쟁이었다. 놀라운 것은 실제는 이와 같은 추악한 전쟁이었으나 우리는 십자군이 정의와 진리를 수호하는 군대의 이미지로 남겨져 있다.

우리나라는 역사적으로 이슬람과 교류가 거의 없었던 나라이다. 우리나라에서 이런 십자군의 이미지는 미국을 위시한 서방국가들에 의해 형성된 것이며, 이는 전적으로 우리가 개선해야 할 몫이라고 생각한다.

미국이라면 무조건 옳고 좋은 일만 하는 나라이며, 이슬람이라 하면 왠지 악의 화신처럼 인식하게 만드는 것들은 과연 왜 그럴까? 이는 미국이라면 사족을 못 쓰는 위정자들이 만들어낸 또 다른 우민화(愚民化) 정책이라 생각된다.

단지 오해하기 쉬운 사실은,

① 같은 뿌리인 3개의 종교인 기독교·유대교·이슬람교는 모두 구약성서를 근본으로 삼고 모세와 아브라함·노아 등 주요 등장인물과 많은 예언자를 공유하고 있다. 서로 가까운 이 세 종교의 관계는 실제로는 좋지 않은데, 이는 서로를 '이단'으로 여기고 경원하기 때문이다.

· 예루살렘 : 3개 종교의 성지

  - 이슬람 : 무함마드가 승천한 곳
  - 기독교 : 예수그리스도가 생을 마친 곳

- 유대교 : 모세가 이집트에서 탈출해 도망한 가나안의 땅
　　　　　예루살렘 성전이 있고, '통곡의 벽'이 있는 곳

② 알라는 특정한 신의 이름이 아니라 '신'이라는 아랍어이
다. 즉 알라=God이다. 알라는 여호와·야훼 등과 같은
존재이다.

③ 무슬림은 신앙하는 사람이라는 의미이고, 무슬림 인구가
가장 많은 국가는 인도네시아이다.

④ 무함마드는 교육을 받지 못해 평생 문맹이었으며, '코란'
은 전체가 구술로 기록된 것이다.

⑤ 무함마드가 예루살렘으로 가서 그곳에서 승천했다고 하며,
그런 이유로 예루살렘은 유대교·기독교와 함께 이슬람
의 성지이기도 하다.

그러나 이단에 대한 생각도 차차 달라지고 있다.

이단의 정의

'이단(異端)'이 부정적인 것을 언급함을 아는 그리스도인은 많지만, 이단의 참된 의미를 알고 있는 사람은 많지 않은 것 같다.

먼저 이단이 무엇인지 알려면 신약으로 가서 헬라어 단어의 의미와 용법을 알아야 한다.

그러나 단지 사전만 연구해서는 이단이라는 단어의 의미를 끌어낼 수 없다.

우리는 헬라어 단어의 의미와 신약에서의 용법을 알아야 한다. 이단에 해당하는 헬라어 단어 "헤어레시스"는 신약에서 아홉 번 쓰였다(행 5:17, 15:5, 24:5,14, 26:5, 28:22, 고전 11:19, 갈 5:20, 벧후 2:1). 그리고 형용사형 '헤어레티코스'는 디도서 3장 10절에서 찾아볼 수 있다. '헤어레시스'란 단어는 대부분 '분파'라는 의미로 사용되었다.

예를 들면 사도행전 5장 17절에서 "사두개인의 분파(헤어레시스)"를 말하고 있다. 사도행전 24장 5절에서 바울은 "나사렛 분파의 인도자"라고 비난받았다. 여기에 유대 종교에서 나온 작은 무리가 예수를 따라 다른 무리를 형성했는데, 그것이 다른 사람들에 의해 분파로 여겨졌다.

바울은 갈라디아서 5장 20절에서 음행과 간음과 술수 같은 육체의 일과 이단을 나란히 열거하면서, 강하게 "헤어레시스"라는 말을 사용한다. 이단을 말하기 직전에 바울은 "원수 맺는 것, 분쟁, 시기, 분냄, 당 짓는 것, 분리함"을 언급한다. 그러므로 분(忿)냄과 당(黨) 짓는 것과 분리함과 이단은 서로 관계가 있다.

먼저 우리는 분(忿)을 내고 다음에는 당(黨)을 짓고, 당을 지은 후에 분리된다. 이 모든 것 이후에 이단이 나타난다. 이것은 우리가 남과 다투고 싸우면 결과적으로 분파를 낳는 분열을 가져온다는 뜻이다. 그러므로 이 구절에서 다비(Darby)는 "헤어레시스"를 "의견의 학파들(schools of opinion)"이라고 번역했다.

의견의 학파들을 갖는 것은 의견을 붙잡고 다른 사람과 분리되고 나누어져 분파를 형성하는 것이다. "헤어레시스"라는 단어는 베드로후서 2장 1절에서도 쓰였다.

"그러나 사람들 중에 또한 거짓 선지자들이 있으니 이와 같이 너희 중에도 거짓 교사들이 있으리라. 저희는 멸망받을 이단을 가만히 끌어들여 자기들을 사신(bought) 주를 부인하고"

이 구절에 의하면 이단은 여러분을 주 안에 있는 믿음에서 벗어나게 하는 가르침이다. 그러므로 신약에 나타난 이 단어의 아홉 가지 경우를 생각해 보면, 이단은 먼저 분열을 일으켜 그리스도의 몸 안에서 분파를 형성하는 것이고, 둘째는 사람들을 유혹하여 구주이신 주님에게서 벗어나게 하는 가르침을 붙드는 것이다.

그러므로 분파를 낳는 분열을 일으키고 사람들을 유혹하여 주님에게서 벗어나게 하는 것은 둘 다 이단이다.

일단 우리가 신약에 따라 이단의 의미에 대해 분명해지면 우리는 다른 사람들이 함부로 이단이라고 정죄할 수 없도록 그들을 깨닫게 도와줄 수 있다.

어떤 사람이 분파를 낳는 분열을 형성한다면 그는 이단이다. 더욱이 어떤 사람이 예수는 하나님의 아들이 성육신(成肉身)하여 사람 되신 분이시고, 우리의 죄를 위하여 십자가에 달리셨으며, 우리를 구속하기 위하여 피를 흘리셨고, 부활을 하셨으며, 지금은 하늘에 계실 뿐만 아니라 우리의 생명으로 우리 안에 계신 것을 믿지 않는다면, 그가 그리스도에 대해 가르치는 모든 것은 또한 이단임이 틀림없다.

그리스도의 인격을 부인하는 것과 분열은 이단적인 것으로 여겨져야 할 유일한 두 항목인데, 왜냐하면 그것들은 극도로 손상을 주기 때문이다. 그리스도의 인격을 부인하는 것은 머리이신 그리스도를 모욕하는 것이며, 머리이신 그리스도를 부인하는 것이다. 분열은 그리스도의 몸을 나누는 것이다. 한 이단은 머리를 손상시키고 다른 이단은 몸을 손상시킨다.

이 이단들은 하나님의 눈에 참을 수 없는 것들이고, 우리들이 철저하게 거절해야 될 것이다.

요한 이서(二書)는 이렇게 말하고 있다.
"만일 누가 그분의 신성과 인성 안의 주님의 인격을 부인한다면 우리는 그를 집에 받아들이지도 말고 심지어 인사도 하지 말아야 한다."

<7:9-11>

만일 우리가 그를 집에 받아들이거나 그에게 인사를 한다면 우리들은 그의 악한 일에 참여하는 것이다. 분열적인 자들에 관하여 바울은 "그들에게서 돌아서라"고 강하게 우리들에게 명령한다.

<로마서 16:17>

신약의 이단은 이렇다.

1. 유대주의자와 영지주의(靈知主義)

이들은 기독교로 개종한 뒤에도 유대교의 율법을 철저하게 지켜야 구원을 받을 수 있다고 주장하는 사람들이다. 이들의 주장에 의하면, 구원을 받으려면 할례와 같은 유대교의 의식을 수행하고 율법도 철저하게 지켜야 한다.

이는 하나님은 선(善)하신 영(靈)이시고, 물질 세상은 악하다고 가르치는 이원론적 종교철학이다. 선은 악을 창조할 수 없기 때문에 하나님이 물질 세계를 창조했다는 것을 부인하고, 예수님은 거룩하신 하나님의 아들이기 때문에 악한 인간이 될 수 없다고 주장한다.
그러므로 그들은 이런 악한 육체의 감옥에서 해방되어 진정한 신적 자아를 회복하는 것이 구원이며, 이 구원을 가능케 하는 것이 '지식(그노시스)'라고 믿었다.

2. 니골라당(黨)과 유대인

영지주의의 극단적인 노선을 지향하는 니골라당은, 우리 몸은 악하기 때문에 영이 하는 일만이 중요하며, 육체는 중요하지 않기 때문에 무분별한 음란행위를 해도 무방하며, 우상에게 바쳐진 음식을 먹어도 상관없고, 그러므로 자기 육체를 즐겁게 하기 위해 어떠한 행위를 해도 상관없다고 가르쳤다.

마태복음 15장과 레위기 25장에는
이방인을 개·노예로 기록하고 있다.
"너희 종은 남녀를 막론하고 이방인 중에서 취하라.
그들은 후손에게 기업으로 물려주어 소유가 되게 하라.
너희들은 먼저 배불리 먹고 이스라엘 자녀의 떡을
개들에게 던져주지 말라."
"그러나 주여, 상 아래 개들도
사람들이 먹던 부스러기를 먹고 사나이다."

그래서 단재 신채호 선생은
한국의 기독교인들에게 말했다.
"왜 한국인으로 태어나
유대인의 종이 되기를 갈망하는가?
시리아·이라크·이란·유대계 사람들은

오늘도 검은 수건을 쓰고 이방인들을 무자비하게 죽이고
예수의 기독교까지도 용납하지 않고 있다.

처녀가 아기를 낳고 죽은 사람이 살아났다는
거짓증거를 고발하고 세계를 정복한 까닭이다.
레위기 27장에는 노예의 몸값이 자세하게 기록되어 있다.
20~60세까지의 남자는 은 50세겔, 여자는 30세겔
5~20세까지의 남자는 은 20세겔, 여자는 10세겔
1개월부터 5세까지는 5세겔과 3세겔
60세 이상은 15세겔 10세겔이다.

금 1세겔은 약 9.6달러이고
은 1세겔은 약 3.2달러이다.
화폐 1달러는 바사의 금화 8.4g이고
1세겔은 바사의 은화 5.5g이다.

여호와의 독신자들은
전쟁은 싸워 이기는 것이 기본이다.
그러나 우주 인생의 근본이라는 여호와가
싸워 이기는 것을 다음과 같이 선언하고 있다.

"네가 어떤 성읍에 이르러 치려 할 때는
먼저 평화를 선언하고
만약 평화하기로 화답하고 문을 열면
칼날로 그 속의 남자들을 다 죽이라.
그리고 거기서 탈취한 여자·유아·육축은 네가 취하라.

대적하여 탈취한 것은 모두 여호와의 것이기 때문이다.
이방인들의 나라에 평화를 외치며 얻어진 사람들은
모두 노예로 부려라. 여호와는 너희 하나님이다.

그 옛날 사막에서 희생제를 올리며 풍요를 빌었던 사람들은 모두가 이방인이었다. 그런데 이스라엘 백성들은 그 하나님을 자신들의 할아버지로 만들어 인종을 차별하고 살인 방화를 일삼으며 근친상간 하였다.
모두가 아브라함의 직계손이고 아담의 후예들이다.

〈신명기 20:10-20〉

공산주의는 기독교를 중심으로 한 이상적 사회체제이다.
사도행전 2장에 재산과 소유를 팔아 각자 필요한 사람들에게 나누어주고 재산을 공유(共有), 평등사회를 구현한다.

이것이 기독교 공산주의의 발단이다.
다만 그들은 무신론적 사고방식을 갖지 않고 있으며 노동자들을 자본가들의 착취에서 해방시키는데 목적이 있다. 모든 역사는 그렇게 발전해 나가고 있기 때문이다.

그들의 조직은 마르크스주의자들과는 다르니 국가 사회를 위해서 봉사하기 보다는 하나님을 위해서 봉사하기 때문이다.
물론 이것은 기독교 뿐 아니라 이슬람·유대교에서도 마찬가지이다.

〈위키백과사전〉

예수의 여인 막달라 마리아

예수의 여인 막달라 마리아는 한때 창녀처럼 버림받았으나 차차 인권의 선각자로서 새롭게 인식되고 있다.

막달라 마리아는 갈릴리 바다의 서북쪽 해안 디베랴의 북쪽 5km 지점에 있던 성읍 출신이다. 게네사렛 평원의 남쪽에 있는 '엘페지델'이 바로 그곳이다. 성경에는 막달라 마리아를 '창녀'라 기록하고 있지만 실제는 로마 총독 빌라도의 동생으로 나온다. 그러므로 빌라도가 애급인들의 소청을 따라 예수를 죽였으나 프랑스 골 지방으로 예수와 막달라 마리아와 나사로를 한밤중에 망명시켜 84세까지 살게 하였다는 것이다. 이 사실은 "영국 법원 예수"에 대하여 검색해 보면 자세히 나온다.

탈무드에 따르면 갈릴리의 4대 도시의 하나로 염색공업과 토기제조를 많이 했으며 물고기 가공으로 유명하였다 한다.

요세푸스에 의하면 그곳 유대교에는 일찍부터 파리세파와 사두개파의 두 교가 성행하였는데, 파리세파는 신이 만물을 창조하고 다스리고 사람이 죽은 뒤에는 영혼의 심판을 받아 지옥 아니면 천당에 간다고 믿었고, 사두개파는 신을 믿지 않고 인간의 선악을 따라 자유롭게 선택한 대가를 사후에 받는다고 믿었다. 이 같은 사상은 페르샤의 조로아스터교에 기원을 두고 있다. 요세푸스는 엣세네파를 아끼고 세계의 종말을 믿었다.

반로마주의자들은 극도로 타락한 유대교도와 파리세인을 증오하였다. 기원전 26년 세례 요한도 엣세네파를 따랐다. 그는 유대 사막 요단강에서 흘러내리는 사막에 머물고 있었는데, 그곳은 세계에서 가장 낮은 땅이었다.

엣세네파는 그 안에 틀어박혀 진리를 탐구한데 비해 세례 요한은 밖으로 나가 작업에 착수하였다. 그는 사람들의, 소박한 생활을 보고, 동료에게 공정하게 선을 이룰 수 있게 하기 위해 물로써 세례하였다.

요한의 영향은 대단하였다. 100년 전 엣세네파라는 유대인 사람들은 이사야서 40장을 읽고 사해 사막에서 쿰란이라는 마을을 이루었다. 기원 26년 요한도 여기에 가입하여 세상을 완전히 떠나 살 것을 다짐하였으나 이스라엘의 정통적 인간애를 호소하였다.

쿰란 교단의 가장 큰 특징은 공동체를 위한 단계적 연대이다. 마가·마태·누가 3복음서가 쓰여진 무렵 기독교들은 세례 요한을 극도로 경시하고 예수를 매우 중시하였지만, 독일의 성서학자들은 "잃어버린 복음서"의 존재에 대해서 대단히 중시하였다. 왜냐하면 거기에는 요한과 예수의 인격을 비교할 수 있는 내용이 기록되어 있기 때문이다.

막달라 마리아는 왕족 출신으로 아버지 슈로즈이고 어머니는 에루카리아이다. 동생 리자는 언니 마르타와 함께 끼네 사레르를 근처 막달라성과 예루살렘 근교 베타니아촌과 예루살렘시에 큰 땅을 가지고 있었다. 라자로는 예루살렘, 마르타는 베타니아에 땅을 가지고 있었다. 돈이 많고 미모도 잘 생겨 한 때는 쾌락생활에 빠져 죄인으로 낙인 찍히기도 하였다.

예수가 전도하고 돌아다닐 때 시몬의 집에 와서 식사하게 되었는데 그녀는 거기 와서 머리털로 예수를 씻어주고 향수를 뿌렸다. 그래서 그노시스파는 이 마리아를 숭배하였다.

그러나 베드로는 항상 예수와 대담하는 것을 보고 싫어하면서도 예수의 말씀을 그를 통해 듣기 원했다. 그러면 그는 스스럼없이 예수의 말씀을 전해주었다.

〈마리아 복음서 9-10〉

그녀는 명상가로서 한때 신비체험을 한 고행자이기도 하였는데, 명상체험시 하늘의 존재를 확신하고 교신하여 신비를 체험하였다고도 한다. 성서에는 그가 일곱 가지 악령에 들려 있어 예수의 치료를 받았다 한다.

첫째는 음란이니 다른 신을 믿고 난잡한 생활을 하는 것이고,
둘째는 탐식이니 술과 음식을 억제하지 못하는 것이며,
셋째는 탐욕이니 빛·소리·냄새·맛·감촉에 휘둘리는 것이다.
넷째는 태만이니 게으르고 느린 것이고,
다섯째는 분노이니 분하여 성을 내는 것이며,
여섯째는 선망이니 우러러 가려보는 것이고,
일곱째는 오만이니 견제하여 남을 업신여기는 것이다.

이는 어쩌면 자신의 생각을 과신하여 스스로 잘난 체 하는 정신병의 일종인데 예수를 만나면서 모두 다 없어졌다. 그래서 머리털로 씻어주고 향수를 뿌렸으며, 명상가, 신비체험가로서 고난을 겪었던 것이다.

사실 그노시스파 사람들은 막달라 마리아의 행동을 가장 정상적인 것으로 생각하였으나 파리세파는 믿지 않았다.
예수가 간음한 여자에 대하여 파리세인들의 모함으로 재판하게 되었을 때 막달라 마리아는 여기에 입회하고 예수에게 반했다. 그 후 베타니아 마리아 집에서 예수를 모실 때도 마르타는 요리에 바빴으나 막달라 마리아는 예수 곁에서 그의 이야기만을 듣고 있었고, 마르타가 일을 돕지 않는다고 신경질을 부렸는데 "일 보다는 가르침이 더 중요하다"고 예수님은 말했다. 그 뒤로부터 예수와 막달라 마리아는 사랑하게 되었고 그 사랑에 대한 이야기는 소설 한 권이 되어도 부족할 정도였다.

다만 기독교 정통파에서는 성모 마리아를 지극히 숭배하고 높이 평가하였으나 그 외의 기독교 이단에서는 높이 평가하지 않고 막달라 마리아를 숭배하고 그의 강점을 높이 평가하였다.
한편 그 뒤 기독교 정통파 숙청으로 기독교 이단파에서는 성모 마리아를 평범한 여자로서 상대하였으나 막달라 마리아의 재능과 인간성을 높이 평가하였던 것이다. 이로 인하여 두 사람의 사이는 매우 나빠지고 예수 또한 어머니를 평범한 여자로 보았던 것이다.

베타니아촌은 예루살렘에서 1.5km 지점에 떨어져 있고 야곱과 요셉의 어머니 마리아, 베타니아의 마리아 등 네 여자는 막달라 마리아가 예수와 입맞춤하고 정사하는 장면을 보았다고 증언하였던 것이다. 현재 마르세이유 서쪽 100km 떨어진 로느강구에 셍토·마리·드라멀이라는 동네가 있는데 거기 성모 마리아들이란 교회당이 있다.

여기 "마리아들"이란 말은 예수의 어머니 마리아와 처 막달라 마리아, 마리아의 자매 제베타의 처, 사도 요한의 어머니 사로메, 크로바의 처, 소 야곱과 요셉의 어머니 마리아 3인을 말한다.

예수의 처형 때 예수를 끝까지 지켜본 여자들로 막달라 마리아는 예수를 십자가에서 구해 결혼한 것으로 전해지고 있다.

후에 12세기 지중해 연안에서 카다르파가 유행하였는데 로마 가톨릭의 적인 그노시스파 이론을 신봉하였다. 그러니까 카다르파의 막달라 마리아는 예수의 반려자다. 그런데 카나의 결혼식 때부터 성모 마리아와 막달라 마리아가 결정적으로 사이가 나빠졌다고 한다.

예수도 그때 엣세네파의 가르침에 따라 스와비에서 마니트라 스님에게 배웠던 비법을 써 물로 포도주를 만들었던 것이다.

또 한 가지는 예수의 처형과 부활에 대한 문제이다.

예수의 가족과 무덤

　최근 들어 발견된 예수 가족의 무덤은 예수가 신의 권위로 서가 아니라 인간의 성자로서 널리 부각되고 있다.

　1980년대 영국 국영방송 BBC에서는 "예수의 자손과 무덤에 관하여" 영국 법정에서 파생된 사실을 확인하고 장차 그 책을 "성혈과 성배(The Holy Blood And The Holy Grail)" 라는 제목으로 출판한 바가 있다.

　1982년에 나온 이 책은 미가엘 베이컨트·리처드 레이·헨리 링컨이 공저한 것으로, 예수가 구세주로 행세하여 다윗 왕을 계승한 유대왕이 되려다가 유대인들의 반발로 십자가에서 처형될 위기에 놓였는데, 처남 아리마대 요셉을 통해 로마 총독 빌라도가 살려주어 로마병사들의 호위를 받고 약혼녀 막달라 마리아와 함께 프랑스에서 84세까지 살았다는 것이다.

　은둔지는 프랑스 골(Gaul)지방이었으며, 그의 묘지는 남부 마을 샤트에서 떨어진 야산 몽카르두에 있으며, 그의 부인 막달라 마리아는 샤토에서 교회를 짓고 교구장으로 지내다가 액 생프로방스 생봄에서 죽었다.

또 제자 나사로는 마르세이유 관구에 겔트교회를 세워 주교로 있다가 죽었다.

그의 후손들은 4세기 후에 프랑크왕족 베로빙 왕조에 동화되었으며, 카로링거왕조의 비지코트가 등 8개 가문을 이루었으나 이후 기독교가 번성함에 따라 그의 혈통을 드러내지 않고 살았다.

1099년에는 예수의 후손 고드프로아 드 부 이용이 십자군이 세운 예루살렘 왕국의 왕이 되기도 하였다. 그리하여 그의 피로 계승한 후손들이 프랑스, 영국 등 유럽 여러 나라에 살고 있다고 한다.

이 같은 사실은 1118년 예루살렘 순례자들을 보호하기 위해서 만든 성당기사단과 시온의 수도원 비밀조직들이 가지고 있다가 성터에 숨겨놓은 것을 교구신부 베랑제르 소니에르에 의해서 발견되어 알려지게 된 것이다.

영국 법정에서는 이 사건을 맡은 주심판사가 3년 동안 심리 끝에 27대손 피에르 프랑다르씨와 족보책을 증거로 프랑스 렌느르샤토에서 예수의 묘비명까지 찾게 되었다고 실토하였다.

이러한 판결을 지켜보던 수녀 신부들은 통곡을 하며 소동을 피워 관제문서의 공개와 보도를 해외에 유출하는 일을 금지하고 비밀에 붙였으므로 더이상 세상에 알려지지 않게 되었다.

또 십자가에 매달렸던 사람의 시의(尸衣)는 살아있는 사람이 가지는 증거로서 가지게 되었는데, 예수님 것은 토리노 세마포(細麻布)로써 1세기 때부터 유대교회 왕가에서 수시로 공개

되었던 것인데, 1460~1983년까지 보관하고 있던 사보이 왕가에서 교황청에 기증하여 현재는 로마 토리노성당에 보관되어 있다.

이를 분석한 결과 거기에는 100근(40kg) 이상이 되는 몰약(건조 방취제)·침향(선인장 진액)과 피·땀 등에 의하여 성의 얼굴 부분, 전신이 그대로 얼룩져 있어 과학자들의 분석에 의해서 상처 입은 산 사람을 감싼 세마포라는 것이 밝혀졌다.

이것을 은폐하기 위하여 1988년 10월13일 토리노의 대주교 발레스트레오 추기경이 모조품이라고 발표하였으나 과학자들이 공개적으로 검증함으로써 1997년 9월8일 진품이라고 번복, 발표하게 되었다.

또 그 토리노 세마포를 통해 대신 십자가를 졌던 사람의 체취까지도 발견함으로써 주교의 말이 완전히 거짓말임이 밝혀졌다.

이 글은 우리나라 홍은진씨가 "예수님은 십자가에서 죽지 않았다"(아침이슬 刊)가 번역하여 소개한 바 있다.

또 성배(聖杯)는 예수가 십자가에 못 박히기 전 제자들과 최후의 만찬 때 사용하였던 컵인데, 십자가 밑에서 요셉이 "예수의 피를 받은 그릇"이라고 말한다.

그런데 어떤 목사님은 구약성서의 예언이 신약에서 그대로 이루어진 사실이라 하여 다음과 같이 기록하기도 하였다.

① 베들레헴에서 출생함 - 〈미가 5:2, 마태 2:1〉

② 동정녀 마리아에게서 태어남 - 〈이사야 7:14, 마태 1:18-23〉

③ 다윗의 혈통 - 〈예레미야 23:5, 사도행전 13:22-23〉

④ 헤롯의 살해 명령 - 〈예레미야 31:15, 마태복음 2:16-18〉

⑤ 한 친구의 배반 - 〈시편 41:9, 요한복음 13:18, 19, 26〉

⑥ 은 30냥에 팔리심 - 〈스가랴 11:12, 마태복음 26:14-16〉

⑦ 십자가에 못박히심 - 〈스가랴 12:10, 요한복음 19:16-18, 37〉

⑧ 그 분의 옷을 제비뽑아 나눔 - 〈시편 22:18, 마태복음 27:35〉

⑨ 뼈 하나도 상하지 않음 - 〈시편 34:20, 요한복음 19:31-36〉

⑩ 부자의 무덤에 묻히심 - 〈이사야 53:9, 마태복음 27:57-60〉

⑪ 그 분의 사망 연도·날짜·시간 - 〈다니엘 9:26-27, 마태복음 27:45-50〉

⑫ 3일만에 부활하심 - 〈호세아 6:2 사도행전 10:38-40〉

그러나 요즈음 그가 부활 후 무엇을 했는가에 대한 연구로 새로운 예수상이 부각되고 있다.

사실 인류의 역사를 보면 BC. 2, 3천년부터 최근에 이르기까지 전쟁 없는 나라가 없었다. 전쟁 때는 물불을 가리지 않고 죽기 아니면 살아야 하므로 막무가내로 싸웠다.

그러나 돌아보면 전쟁은 폐허와 고아, 노인, 부녀자들만 남기고 사라졌다. 과거의 잘잘못을 따지지 말고 현재 살아있는 사람들이 무엇을 하고 있는가를 반성해야 한다. 강자나 약자나 죽기를 좋아하는 사람은 없다. 왼쪽을 치면 오른쪽을 내밀듯 진정한 사랑으로 이웃과 자연국토를 보호하여야 하겠다.

우리들은 이 글을 쓰면서 '종족과 씨족, 민족과 국가를 위해서 이렇게 무법을 저질러도 된다는 말인가, 특히 종교, 신의 이름으로 세상에 피를 뿌리는 테러는 꼭 없어져야 한다'고 생각하였다. 자료를 제공하신 모든 분들께 감사드린다. 그리고 IS나 기독교에 대해서 혹평을 해주신 분들의 용기에 감사하나, 한편 IS나 기독교인들에 대해서는 죄송하게 생각하였다. 독일의 수상처럼 살아있는 사람들이 과거를 뉘우치며 살아있는 사람들을 위해 함께 좋은 일을 할 것을 손모아 빈다.

| 참고문헌 |

Adams, Kenneth, M., Silently Seduced: When Parents Make Their Children Their Partners, Understanding Covert Incest, HCI, 1991.

Anita Diamanti, The Red Tent, Picador, New York, 1997.

Bal, Mieke, Anti-covenant: Counter Reading of Women's Lives in the Hebrew Bible, the Almond Press, Sheffield, 1989.

Barbara Freyer Stowasser, Women in the Qur'an, Traditions, and Interpretation, Oxford University Press, New York, 1996.

Bonanno, Anthony, Archaeology and Fertility Cult in the Ancient Mediterranean, University of Malta, 1986.

Boys, Mary C., Has God Only One Blessing?: Judaism As a Source of Christian Self-Understanding, Paulist Press, 2000.

Brown, Shelby, Late Carthaginian Child Sacrifice and Sacrificial Monuments in Their Mediterranean Context, Sheffield Academic Press, 1991.

Camp, L. Sprague, The Great Monkey Trial, Doubleday, 1968.

Conkin, Paul K., When All the Gods Trembled: Darwinism, Scopes, and American Intellectuals, 1998.

David P. Wright, The Disposal of the Impurity: Elimination Rites in the Bible and in Hittite and Mesopotamian Literature, Scholars Press, Atlanta, 1987.

Dennis D. Hughes, Human Sacrifice in Ancient Greece, Routledge, 1991.

Diehl Daniel, Donnelly Mark P., The Big Book of Pain: Punishment and Torture through History, the History Press, 2008.

Diodorus Siculus, Trans. C. H. Oldfather, Diodorus of Sicily, Cambridge, Harvard University Press, 1963.

Ernst Lacheman and David Owen, Studies on the Civilization and Culture of Nuzi and the Hurrians, Eisenbrauns, 1987.

Friedman, Richard. Who wrote the Bible?, Englewood Cliffs, Prentice Hall, New Jersey, 1987.

Gagnon, Robert A. J., The Bible and Homosexual Practice, 2001.

Ginzberg, Louis, The Legends of the Jews, the Jewish Publication Society of America, Philadelphia, 1968.

Goitein, S. D., The Song of Songs: A Female Composition, Sheffield Academic Press, Sheffield, 1993.

Graves, Robert, and Raphael Patai, Hebrew Myths: Genesis, 1964.

Hastings, James, Encyclopedia of Religion and Ethics, Kessenger Publishing, 2003.

Herman, Judith, Father-Daughter Incest, Harvard University Press, 1982.

Horner, Thomas Marland, Jonathan loved David: homosexuality in biblical times. Westminster John Knox Press, 1978.

J. Neusner, The Talmud of Babylonia, Scholars Press, Atlanta, 1992.

Jacob, Walter. Christianity through Jewish Eyes: The Quest for Common Ground. Hebrew Union College Press, 1974.

Joseph Campbell, Occidental Mythology: the Masks of God, 1964

Judith M. Hadley, The Cult of Asherah in Ancient Israel and Judah: Evidence for a Hebrew Goddess, University of Cambridge Press, 2000.

Keel, Othmar, and Uehlinger, Christoph, Gods, Goddesses, and Images of God in Ancient Israel, Fortress Press, 1998.

Kogan, Michael S. Toward a Jewish Theology of Christianity, Journal of Ecumenical Studies 32, no. 1, 1995.

Larry Gonick, The Cartoon History of the Universe: From the Big Bang to Alexander the Great, Doubleday, 1990.

Larry Kahaner, Cults That Kill, Warner Books, 1994.

Levi-Stauss, Claude, Structural Anthropology, Basic Books, London, 1963.

Mattill, Jr., A. J., The Seven Mighty Blows to Traditional Beliefs, The Flatwoods Free Press, Gordo, Alabama, 1995.

Miletski, Hani, Mother-Son Incest: The Unthinkable Broken Taboo Persists, East West Publishing, 2007.

Min, Hi-Sik, Jesus & Buddha: Their Parallel Lives and Sayings, Blue Ribbon Books, Seoul, 2007.

Min, Hi-Sik, The Lotus Sutra and the New Testament, Blue Ribbon Books, Seoul, 2007.

Min, Hi-Sik, The Roots of the Bible: The Orient Civilization and the Old Testament, Blue Ribbon Books, Seoul, 2008.

Min, Hi-Sik, The Roots of the Bible: The Greek & Indian Civilization and the New Testament, Blue Ribbon Books, Seoul, 2008.

Min, Hi-Sik, The Roots of the Bible: The Holy Sex in the Holy Bible, Blue Ribbon Books, Seoul, 2008.

Mok, Young Il, Jesus' Final Odyssesy, Blue Ribbon Books, Seoul, 2009.

Mussner, Franz, Tractate on the Jews: The Significance of Judaism for Christian Faith, Fortress Press, Philadelphia, 1984.

Nathan, D., Snedeker M., Satan's Silence: Ritual Abuse and the Making of a Modern American Witch Hunt. Basic Books, 1995.

Neveh, Joseph and Shaked, Shaul, Amulets and Magic Bowls: Aramaic Incantations of Late Antiquity, Magnes Press, Hebrew University, 1985.

Patai, Raphael, Sex and Family in the Bible and the Middle East, Dolphin Books, Doubleday & Compan, Garden City, New York, 1959.

Rackman, Menachem Emanuel, The Case of the Sotah in Jewish Law: Ordeal or Psychodrama?, National Jewish Law Review 3, 1988.

Richard Hess, article "Nephilim" in Freedman, David Noel, ed., The Anchor Bible Dictionary, Doubleday, New York, 1997.

Rosner, Fred, The Ordeal of the Wayward Woman[Sotah]: Miracle or Natural Phenomenon, B. M. Israel, 1984.

Rubenstein, Richard, When Jesus Became God: The Epic Struggle Over Christ's Divinity in the Last Days of Rome, Harcourt Brace & Company, New York, 1999.

Sanders, E. P., Jesus and Judaism. Fortress Press, Philadelphia, 1985.

Schwartz, Howard, Lilith's Cave: Jewish Tales of the Supernatural, Oxford University Press, USA, 1991.

Sered, Susan Starr, Priestess, Mother, Sacred Sister: Religions Dominated by Women, Oxford University Press, New York, 1994.

Shinan, Avigdor, ed. Oto haish: yehudim mesaprim al yeshu(That Man: Jews Write About Jesus). Sifrei Hemed, Tel Aviv, 1999.

Sparks, Kenton, Ancient Texts for the Study of the Hebrew Bible: a guide to the background literature, Hendrickson Publishers, 2005.

Thoma, Clemens. A Christian Theology of Judaism. Paulist Press, NY, 1980.

Thompson, Irene, The A to Z of Punishment and Torture: From Amputations to Zero Tolerance, Book Guild Publishing, 2008.

Torah Nevi'im K'tuvim v'HaBrit HaHadashah[Torah, Prophets, Writings and the New Covenant], The Bible Society in Israel, Jerusalem, 1991.

Victor J. S., Satanic Panic: The Creation of a Contemporary Legend., Open Court Publishing Company, 1993.

Walter J. Friedlander, In The Golden Wand of Medicine: A History of the Caduceus Symbol in Medicine, 1992.

Weiss-Rosmarin, Trude, Ed. Jewish Expressions on Jesus: An Anthology, Ktav Publishing House, Inc., New York, 1977.

淺野順一, 舊約聖書を語る, ＮＨＫブックス, 1979.

犬養道子, 聖書を旅する, 中央公論社, 1995.

大川隆法, 太陽の法(2005), 黃金の法(1990), 永遠の法(2000),
　　　　　奇跡の法(2003), 大悟の法(2005), 幸福の科學出版社

鹿嶋春平太, 聖書の論理が世界を動かす, 新潮新書, 1995.

久保田展弘, 聖書はどこから來たか, 新潮社, 2000.

桑田秀延 外 聖書事典, 日本基督敎團出版部, 1965.

小坂井澄, キリスト敎2000年の謎, 講談社新書, 2000.

竹內均, 驚くべき舊約聖書の眞實, 同文書院, 1991.

立山良司, エルサレム, 新潮新書, 1996.

塚儀一郎 外 舊約聖書略解, 日本基督敎團出版, 1966.

富岡幸一郎, 聖書をひらく, 編書房, 2004.

船水衛司 外 聖書講座全五卷, 日本基督敎團出版部, 1966.

山形浩生, 誰も敎えてくれない聖書の讀み方, 晶文社, 2001.

山本七平, 聖書の常識, 講談社, 1984.

IS와 기독교

2015년 7월 20일 인쇄
2015년 7월 25일 발행

편   저 │ 민희식·활안·서대장·백운
발 행 인 │ 한국불교통신교육원
발 행 처 │ 한국불교정신문화원
주   소 │ 477-810 경기도 가평군 외서면 대성리 산 185번지
전   화 │ 031) 584-0657, 02) 969-2410
등록번호 │ 76.10.20 제6호
인   쇄 │ 이화문화출판사 (02-738-9880)
I S B N │ 978-89-6438-143-4 03210

定價 12,000원